平成30年度司法研究のあらまし

令和元年12月公表の司法研修所編「養育費、婚姻費用の算定に関する実証的研究」は「改定標準算定方式・算定表」を提案するものである。本事例集にかかわる範囲では、基礎収入割合の見直しと子の生活費指数の変更が主な内容であり、そのあらましを以下の通りまとめた。

婚姻費用養育費問題研究会

1．司法研究の目的と結論

・標準算定方式・算定表の提案後16年経過し社会実態を反映させ、改良すべき点の有無を検証、併せて成年年齢引き下げによる影響を検討した。

・改定算定方式・算定表は、収入按分方式（生活保護基準方式）という基本的枠組みを維持し、簡易迅速性、予測可能性、公平性、法的安定性の観点から権利者・義務者の収入、子を含めた生活実態等の具体的実情を合理的に反映し、基礎収入・生活費指数を抽象化した標準算定方式・算定表の意義を活かしながら、算定方法を一部改良し、公租公課等や統計資料を更新したもので、標準算定方式・算定表の延長上にあり、今後の家裁実務への定着を期待する。

2．収入別基礎収入割合表

<table>
<tr><th colspan="4">給与所得者</th><th colspan="4">自営業者</th></tr>
<tr><th colspan="2">改定後</th><th colspan="2">改定前</th><th colspan="2">改定後</th><th colspan="2">改定前</th></tr>
<tr><th>収入(万円)</th><th>割合(%)</th><th>収入(万円)</th><th>割合(%)</th><th>所得(万円)</th><th>割合(%)</th><th>所得(万円)</th><th>割合(%)</th></tr>
<tr><td rowspan="2">0～75</td><td rowspan="2">54</td><td rowspan="3">～100</td><td rowspan="3">42</td><td>0～66</td><td>61</td><td rowspan="6">0～421</td><td rowspan="6">52</td></tr>
<tr><td>～82</td><td>60</td></tr>
<tr><td>～100</td><td>50</td><td>～98</td><td>59</td></tr>
<tr><td>～125</td><td>46</td><td>～125</td><td>41</td><td>～256</td><td>58</td></tr>
<tr><td>～175</td><td>44</td><td>～150</td><td>40</td><td>～349</td><td>57</td></tr>
<tr><td>～275</td><td>43</td><td>～250</td><td>39</td><td>～392</td><td>56</td></tr>
<tr><td rowspan="2">～525</td><td rowspan="2">42</td><td rowspan="2">～500</td><td rowspan="2">38</td><td>～496</td><td>55</td><td rowspan="2">～526</td><td rowspan="2">51</td></tr>
<tr><td>～563</td><td>54</td></tr>
<tr><td>～725</td><td>41</td><td>～700</td><td>37</td><td>～784</td><td>53</td><td>～870</td><td>50</td></tr>
<tr><td rowspan="2">～1325</td><td rowspan="2">40</td><td>～850</td><td>36</td><td>～942</td><td>52</td><td rowspan="2">～975</td><td rowspan="2">49</td></tr>
<tr><td>～1350</td><td>35</td><td>～1046</td><td>51</td></tr>
<tr><td>～1475</td><td>39</td><td rowspan="3">～2000</td><td rowspan="3">34</td><td>～1179</td><td>50</td><td>～1144</td><td>48</td></tr>
<tr><td rowspan="2">～2000</td><td rowspan="2">38</td><td>～1482</td><td>49</td><td rowspan="2">～1409</td><td rowspan="2">47</td></tr>
<tr><td>～1567</td><td>48</td></tr>
</table>

(改定後は「養育費,婚姻費用の算定に関する実証的研究」司法研修所編 p35（資料3）
改定前は松本哲泓「婚姻費用・養育費の算定」p101による)

・基礎収入割合は給与所得者で4～12%、自営業では1～9%の上昇となった。

・給与所得に対応する自営業者の所得額が変化した。

給与収入２千万円に対する自営業所得は改定前 1409 万円から改定後 1567 万円に変化した。

３． 子の生活費指数の変更

	区　分	改　定　後	改　定　前	増減
学校教育費考慮前の生活費指数	0～14 歳	５１	４５	＋６
	15 歳～	６０	６０	±０
学校教育費考慮後の生活費指数	0～14 歳	６２	５５	＋７
	15 歳～	８５	９０	－５

・成人が必要とする生活費を 100 とした場合の子の生活費の割合を示す。
・年齢区分に変更なし。世帯区分は考慮しない。
・公立高学校教育費の統計は高校授業料無償化の影響を受ける平成 25 年度を除いた４年間で算出。
・0～14 歳の指数増加は、生活費の割合上昇によるものであり、15 歳以上の指数減少は国公立高校の学費の低下によるものである。
・学校教育費の割合は 0～14 歳で 10→11 へ、15 歳以上で 30→25 と拡縮した。
・なお，子が高等学校等就学支援金を受領していても，そのことを養育費の額を算定する際に考慮すべきではない（教育の機会均等等に寄与するために給付されているものであるから）。

４． 養育費への成年年齢引き下げによる影響（養育費支払義務の終期）

・既に成立している調停等において，養育費の終期が「成年に達した時」とされた「成年」の意義は基本的に 20 歳と解すべきである。
・成年年齢引き下げは、既に 20 歳と決められた終期を 18 歳に引き下げる変更事由にならない。
・養育費の支払義務の終期は未成熟子を脱する時期であって、個別事案によって認定判断される。
・未成熟子を脱する時期が特定して認定されない事案では、その時期は 20 歳とされ、養育費の支払義務の終期と判断される。
・今後成立する調停等では、「成年に達した時」との表現では疑義が生じるので，「20 歳に達した時」などと具体的な年齢を記載すべきである。
・婚姻費用も子が 18 歳に達したことは直ちに減額事由とはならない。

５．事情変更について

・今回の算定表改定は養育費を変更すべき事情変更に該当しない。
・すでに養育費を定めた場合でも客観的事情の変更があれば、改定後の算定方式・算定表を適用する。

以上

新装補訂版発行に寄せて

令和元年 12 月に「改定標準算定方式・算定表」が公表されました。「標準算定方式・算定表」の提案から 16 年経過し、この間の統計資料や制度変更等に応じて更新されており、今後の実務は「改定標準算定方式・算定表」により運用されていくものとみられます。今回の改定で本事例集に関わる主な内容は、婚姻費用・養育費の計算基礎となる基礎収入割合の見直しと子の生活費指数の変更です。

本事例集は、婚姻費用・養育費について「標準算定表」だけでは導けない複雑な事例の計算方式を含む解決指針を紹介することを狙いとしていますが、今回の改定に即応し、①子の生活費指数をすべて置き換え、②巻末資料を更新するとともに、③最近の制度・法の改正などを織り込んで、必要な修正を行いました。また、特に複雑な事例ではより平易でわかりやすい説明に改めました。従って本事例集は、今後の婚姻費用・養育費の計算実務で、これまで以上にお役に立てるものと期待しております。

令和２年１月

婚姻費用養育費問題研究会
事例集企画・編集担当　山本英明

新装版発行に寄せて

改訂版第 1 刷発行後ほぼ 1 年になり、本書は全国の調停実務関係者に広く普及し、ご活用いただいています。このたび、ご要望にお応えして装丁を改めるにあたり、一部手直しすることとしました。①Q14 私学学費と婚姻費用、Q34 私学学費と養育費などの説明を一部追加修正し、②その他文中の引用文献を読者が容易に参照可能な(公刊されている)ものに変更しました。

なお、平成 28 年 11 月、日弁連から婚姻費用・養育費の「新算定表」の提言がなされました。この「新算定表」によっても、その適用の仕方に工夫を要する困難ケースは多々あり、本書の計算事例とその考え方を随所で参考にして頂けるよう期待しております。

平成 29 年４月

改訂版へのはしがき

—はじめに

婚姻費用・養育費の複雑な事例の計算は、調停実務においてもっとも悩ましいテーマの一つです。婚姻費用・養育費の簡易・迅速な処理を目指して導入された「算定表」は、義務者と別居する権利者と子の生活費（婚姻費用）、あるいは離婚した権利者が監護する子の生活費（養育費）の計算を前提に作成されています。ところが、調停実務においては、「算定表」をそのまま当てはめるのが困難な類型事例が増加しているのが実情です。そこで、27 年 8 月、より複雑な婚姻費用・養育費等の計算事例の解決指針として、また当事者の納得性を高め、簡易・迅速な処理を実現するために、「婚姻費用・養育費等計算事例集」(以下、本書)をまとめました。

その後の読者との議論を踏まえ、このたび、増補改訂を行うことにしました。

① 全体としてわかりやすい記述に心がけたこと、

②いくつかのテーマにつき、より実務に即した事例に設定を変更・追加したこと、

③「連れ子」ある場合などの権利者・義務者の基礎収入の修正方法を一部改めたこと、

④独自の解法を考案している個所には、誤解を招かぬようその旨表示をしたこと、

⑤教育費・職業費などの統計資料を追加したことなどが、主要な改訂内容です。

—本書作成の狙い

東京家庭裁判所では、２５年１月の家事事件手続法施行にあたり、目標を「**当事者の納得と家庭裁判所への信頼（透明・適正な手続き、適正・迅速な紛争解決）**」と定め、**Ⅰわかりやすく公正な手続きの実現、Ⅱ法律による枠組みの確認、Ⅲ当事者の納得を得るためのはたらきかけ、という３つの柱**を掲げて、当事者の家庭裁判所への信頼と期待を高めるべく、様々な面で改善が続けられています。

ところで、婚姻費用・養育費の事件については簡易・迅速な処理を目指して導入された「算定表」が家裁の調停・審判の実務で採用され、この 13 年間でその合理性が検証されるとともに信頼度も高まり定着してきたといわれます。

一方で、冒頭述べた通り「算定表」に当てはめが困難な複雑事例が相当件数あるとみられるため、調停現場ではその対応に苦慮しており、当事者にきちんと説明責任を果たせるだけの婚姻費用・養育費計算の解決指針となるツールが切に求められていました。

「算定表」の類型に当てはまらない、より複雑な事例については、「算定表」導入後に裁判官によりさまざまな文献でその処理についての考え方が示されているものの、特殊な事例に遭遇する都度、文献の中からその解法を探し出す必要があり、負担になっていました。

そこで、婚姻費用・養育費の紛争が簡易・迅速に処理できるように、また事件ごとに異なる解決方法にならぬように（＝予測可能性を高める）事件類型を整理し、その解決策を過去の婚姻費用・養育費に関する主要文献（これらはすべて裁判官によって著されている）に求め、これら分散しているものを一体としてまとめることを目論見ました。

婚姻費用・養育費等の難題を５０の仮想事例に分類し、参考文献の出典を明記し、その考え方に基づく一般的計算式を提示するとともに、具体的な事例に当てはめた計算結果も記載しました。一つの解法だけではなく、複数の解法を示すことで読者が偏った見方や、近視眼的な見方に陥らないように配慮しています。そして、それぞれの解法につき可能な限り編著者としての見解と評価を明らかにしました。

なかには、これまでの説明や計算式が不合理・不都合と思われる事例などで問題提起を行い、現行の「算定表」の考え方の枠内で独自の解法(★で表示)を示したものもあります。しかし、それも読者に独善的に押しつけるものではありません。その妥当性は今後の調停実務を通じて検証していきたいと思います。

婚姻費用養育費問題研究会

—今後について

調停委員や手続き代理人が短時間に事案の問題点を分析して、解決の指針を探し出すためのツールとしてお役に立てていただき、そして婚姻費用や養育費の検討に要した少なからぬエネルギーを当事者間の他の争点解決や人間関係調整の作業に振り向けることができるようにしたい、この 2 点が私たちの願いです。

今後も読者の皆様からご批判やご意見をいただきながら、本書を一層皆様のお役に立てるものにしていきたいと願っています。

平成 28 年 5 月

初版へのはしがき

2 年ほど前に家事調停事件で遭遇する「婚姻費用や養育費の算定方法」、「ローン付不動産の財産分与の計算方式」、「遺留分侵害額計算シート」などについて、有志で「講演会」を企画しました。残念ながらその企ては潰えましたが、その後も議論を重ねてきました。

26 年 11 月改めて研究会を立ち上げる機運が高まり、新たな課題として婚姻費用・養育費の事例集を作成することとなりました。運営母体を婚姻費用養育費問題研究会とし、意見交換を通じて、婚姻費用・養育費の計算や、遺産分割にかかる疑問など調停に関わる様々な話題について論点整理を行うとともに、参加メンバー自身がその成果を毎日の調停運営に生かすことをも狙いとしました。

発足して 9 か月経過し、これまでの議論をもとに、計算に関わるものを中心に、多くの人が疑問に感じていると思われるテーマを選び 50 の事例にまとめることにしました。婚姻費用・養育費・財産分与に関わる議論の到達点を確認し、今後これを実務の場で検証するとともに、新たな問題とその検討結果は事例集に追加することにします。

本書では、複数の解法が知られているものについては、それらを単に羅列せず、極力編著者の評価を明らかにしました。しかし実際の事件は千差万別です。調停運営に当たっては、ここに示した解法を金科玉条とすることなく、一つの参考としつつ、現実的に妥当な解決を目指していただくよう期待しています。

また、これまでの計算手法に問題提起を行い、簡易迅速という「算定表」の理念を尊重しつつ、一層明確な新手法提案も行いました。今後の議論の三和土台として読者による批判的検討を期待しています。

平成 27 年 8 月

婚姻費用養育費問題研究会

婚姻費用・養育費等計算事例集目次

婚姻費用・養育費等計算事例集目次

麹町 税務署長
令和 2 年 3 月 10 日

令和 01 年分の所得税及び復興特別所得税の確定申告書B

住所（又は事業所・事務所・居所など）	〒100-0001 東京都千代田区千代田１－１－１
令和2年1月1日の住所	同上
個人番号	※ 控えに個人番号の記載は必要ありません
フリガナ	ヒビ゛ヤ タロウ
氏名	日比谷 太郎
性別	男
職業	小売業
屋号・雅号	日比谷物産
世帯主の氏名	日比谷 太郎
世帯主との続柄	本人
生年月日	3 45.12.25
電話番号	自宅・勤務先・携帯 — —

国税庁HP (2020:01:11:11:20:03.06)　(単位は円)　種類 青色 分離 国出 損失 修正 特農の表示 特農　整理番号

収入金額等	事業 営業等	㋐	35000000
	事業 農業	㋑	
	不動産	㋒	
	利子	㋓	
	配当	㋔	
	給与	㋕	
	雑 公的年金等	㋖	
	雑 その他	㋗	
	総合譲渡 短期	㋘	
	総合譲渡 長期	㋙	
	一時	㋚	
所得金額	事業 営業等	①	6230000
	事業 農業	②	
	不動産	③	
	利子	④	
	配当	⑤	
	給与 区分	⑥	
	雑	⑦	
	総合譲渡・一時 ㋘＋{(㋙＋㋚)×½}	⑧	
	合計	⑨	6230000
所得から差し引かれる金額	社会保険料控除	⑩	1000000
	小規模企業共済等掛金控除	⑪	300000
	生命保険料控除	⑫	40000
	地震保険料控除	⑬	50000
	寡婦、寡夫控除	⑭	0000
	勤労学生、障害者控除	⑮～⑯	0000
	配偶者(特別)控除 区分	⑰～⑱	0000
	扶養控除	⑲	760000
	基礎控除	⑳	380000
	⑩から⑳までの計	㉑	2530000
	雑損控除	㉒	
	医療費控除 区分	㉓	40000
	寄附金控除	㉔	48000
	合計 (㉑＋㉒＋㉓＋㉔)	㉕	2618000

税金の計算	課税される所得金額 (⑨－㉕)又は第三表	㉖	3612000
	上の㉖に対する税額 又は第三表の㊻	㉗	294900
	配当控除	㉘	
	区分	㉙	
	(特定増改築等)住宅借入金等特別控除 区分	㉚	00
	政党等寄附金等特別控除	㉛～㉝	0
	住宅耐震改修特別控除 住宅特定改修・認定住宅新築等特別税額控除 区分	㉟～㊲	
	差引所得税額 (㉗－㉘－㉙－㉚－㉛－㉜－㉝－㉟－㊱－㊲)	㊳	294900
	災害減免額	㊴	
	再差引所得税額(基準所得税額) (㊳－㊴)	㊵	294900
	復興特別所得税額 (㊵×2.1%)	㊶	6192
	所得税及び復興特別所得税の額 (㊵＋㊶)	㊷	301092
	外国税額控除 区分	㊸	
	源泉徴収税額	㊹	
	申告納税額 (㊷－㊸－㊹)	㊺	301000
	予定納税額 (第1期分・第2期分)	㊻	
	第3期分の税額 (㊺－㊻) 納める税金	㊼	301000
	第3期分の税額 (㊺－㊻) 還付される税金	㊽	△
その他	配偶者の合計所得金額	㊾	
	専従者給与(控除)額の合計額	㊿	600000
	青色申告特別控除額	51	650000
	雑所得・一時所得等の源泉徴収税額の合計額	52	
	未納付の源泉徴収税額	53	
	本年分で差し引く繰越損失額	54	
	平均課税対象金額	55	
	変動・臨時所得金額 区分	56	
延納の届出	申告期限までに納付する金額	57	00
	延納届出額	58	000

還付される税金の受取場所	
銀行・金庫・組合・農協・漁協	本店・支店・出張所・本所・支所
郵便局名等	
預金種類	普通 当座 納税準備 貯蓄
口座番号・記号番号	

第一表 ○この用紙は控用です。

← 復興特別所得税額の記入をお忘れなく。

税理士署名押印 印
電話番号 — —

税理士法書面提出 30条 33条の2

○ 収受事実を確認されたい方は、収受日付印を押なつしますので、申告書提出時に請求してください（内容を証明するものではありません。）。
※ 所得金額の証明が必要な方は、納税証明書をご利用ください。
○ この申告書を提出される方は、住民税・事業税の申告書を提出する必要がありません。

事例は特定を避けるため裁判例や実例を組み合わせて作成した。また解法は裁判例や諸論稿に基づくが、独自の解法は★表示とした。

Q1　自営業者の総収入の認定（所得税確定申告書記載の数字の見方）

(前提)Yは自営業者である。(所得税は確定申告)
子A・BとともにX別居中のXから婚姻費用を請求された。
算定の基礎となる収入はどのように求めるか。
別紙の確定申告書により検討する。
(A・Bはそれぞれ17歳、16歳とする。)

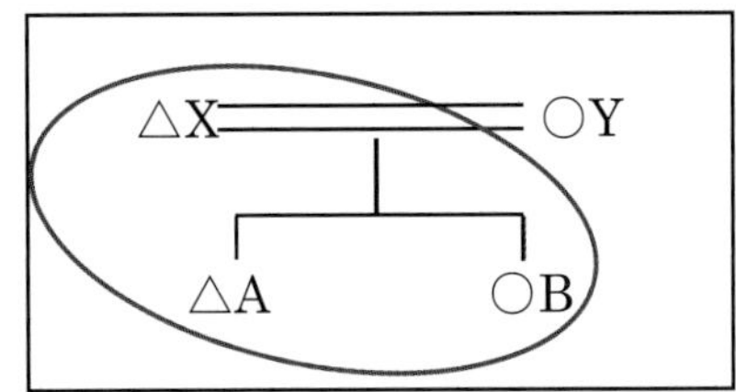

(説明) 参考資料
・「養育費, 婚姻費用の算定に関する実証的研究」(司法研修所編) p32
・判例タイムズ1209「養育費・婚姻費用算定表の運用上の諸問題」(岡健太郎) p5
・ケース研究287「養育費・婚姻費用算定表の運用上の諸問題(岡・平城) p103-詳細な説明有り
・家裁月報62巻11号「婚姻費用分担事件の審理―手続きと裁判例の検討」(松本哲泓) p39

(1) 具体的な求め方は、まず左頁所得税確定申告書の左側「所得金額」欄の**「所得金額⑨」623万円から**「所得から差し引かれる金額」欄の**「社会保険料控除⑩」100万円のみを控除**し、申告書右側下部「その他」欄の現実に支払いがなされていない場合の「**㊿専従者給与(控除)額の合計額」60万円および「㊿青色申告特別控除額」65万円を加算する**と648万円となる。(岡・平城氏P105から簡便な計算手法を紹介した。) また社会保険料中、任意の積み立てに類する「国民年金基金掛け金」などについては、事業所得から控除して所得認定して良いか、その取扱いについて検討の余地がある。(下線部は筆者私見) (「医療費控除」「生命保険料控除」「地震保険料控除」は標準的な額は特別経費で考慮されるのでここでは控除しない。「小規模企業共済掛金控除」「寄付金控除」は性質上、養育費・婚姻費用の支出に優先されないので控除しない。また「配偶者控除」「扶養控除」「基礎控除」なども税法上の控除項目で現実に支払いがないので、収入から控除しない。)

(2) これを算定表の自営業の所得欄に当てはめて婚費・養育費を求める。本事例では、Xを無収入として婚姻費用は月額20~22万円、養育費は月額16~18万円となる。

(3) (申告書には記載されないが、別紙の収支計算書中の当該年度において具体的支出のない)減価償却費を婚費・養育費等算定にあたり、必要経費として控除することが疑問な場合には、減価償却費自体は控除せずに、所得金額に加算することとし、別途特別経費として現実の負債返済額(経費扱いされていない分)の全部または一部を控除するなどして総収入を認定する方法をとることが相当(岡)。

(参考) 給与所得者の場合にも共通するが、株式の配当収入がある場合に確定申告時に源泉徴収のみで課税関係が終了する申告不要制度を選択すると収入として把握できない。また確定申告をしても申告分離課税を選択すると、申告書表紙(第1表)には収入が表示されない。申告書右上の「㉖課税される所得金額」欄は空欄となる。

なお、原則として資産は収入としないが、配当所得は資産から生じる果実として、義務者の固有財産であっても収入と扱うべきとする考え方がある(東京高裁昭和42年5月23日決定 Q8参照)。収入に含めるとした場合に、職業費がかかっていないとして年金収入と同様の手法(Q5参照)により収入認定することになる。

以上

婚姻費用養育費問題研究会

麹町 税務署長

令和 2 年 3 月 10 日 令和 01 年分の所得税及び復興特別所得税の確定申告書B

第一表 ○この用紙は控用です。

住所（又は事業所 事務所 居所など）	〒100-0013 東京都千代田区霞が関１－１－１
令和2年1月1日の住所	同上

個人番号	※ 控えに個人番号の記載は必要ありません
フリガナ	カスミガセキ タロウ
氏名	霞が関 太郎
性別	男
職業	経営コンサルタント
屋号・雅号	霞が関経営研究所
世帯主の氏名	霞が関 太郎
世帯主との続柄	本人
生年月日	3 35.01.01
電話番号	自宅・勤務先・携帯 － －

国税庁HP(2020:01:09:22:37:18.86)

（単位は円） 種類 青色 分離 国出 損失 修正 特農の表示 特農 整理番号

収入金額等	事業 営業等	㋐	5,000,000
	事業 農業	㋑	
	不動産	㋒	
	利子	㋓	
	配当	㋔	
	給与	㋕	8,000,000
	雑 公的年金等	㋖	
	雑 その他	㋗	
	総合譲渡 短期	㋘	
	総合譲渡 長期	㋙	
	一時	㋚	
所得金額	事業 営業等	①	2,000,000
	事業 農業	②	
	不動産	③	
	利子	④	
	配当	⑤	
	給与 区分	⑥	6,000,000
	雑	⑦	
	総合譲渡・一時 ㋘＋{(㋙＋㋚)×½}	⑧	
	合計	⑨	8,000,000
所得から差し引かれる金額	社会保険料控除	⑩	1,100,000
	小規模企業共済等掛金控除	⑪	
	生命保険料控除	⑫	
	地震保険料控除	⑬	
	寡婦、寡夫控除	⑭	0,000
	勤労学生、障害者控除	⑮～⑯	0,000
	配偶者(特別)控除 区分	⑰～⑱	0,000
	扶養控除	⑲	760,000
	基礎控除	⑳	380,000
	⑩から⑳までの計	㉑	2,240,000
	雑損控除	㉒	
	医療費控除 区分	㉓	
	寄附金控除	㉔	
	合計 (㉑＋㉒＋㉓＋㉔)	㉕	2,240,000

税金の計算	課税される所得金額 (⑨－㉕)又は第三表	㉖	5,760,000
	上の㉖に対する税額 又は第三表の㊅	㉗	724,500
	配当控除	㉘	
	区分	㉙	
	(特定増改築等)住宅借入金等特別控除 区分	㉚	00
	政党等寄附金等特別控除	㉛～㉝	
	住宅耐震改修特別控除 住宅特定改修・認定住宅新築等特別税額控除 区分	㉟～㊲	
	差引所得税額 (㉗－㉘－㉙－㉚－㉛－㉜－㉝－㉟－㊱－㊲)	㊳	724,500
	災害減免額	㊴	
	再差引所得税額 (基準所得税額) (㊳－㊴)	㊵	724,500
	復興特別所得税額 (㊵×2.1%)	㊶	15,214
	所得税及び復興特別所得税の額 (㊵＋㊶)	㊷	739,714
	外国税額控除 区分	㊸	
	源泉徴収税額	㊹	324,500
	申告納税額 (㊷－㊸－㊹)	㊺	415,200
	予定納税額 (第1期分・第2期分)	㊻	
	第3期分の税額 (㊺－㊻) 納める税金	㊼	415,200
	第3期分の税額 (㊺－㊻) 還付される税金	㊽	△
その他	配偶者の合計所得金額	㊾	
	専従者給与(控除)額の合計額	㊿	600,000
	青色申告特別控除額	51	100,000
	雑所得・一時所得等の源泉徴収税額の合計額	52	
	未納付の源泉徴収税額	53	
	本年分で差し引く繰越損失額	54	
	平均課税対象金額	55	
	変動・臨時所得金額 区分	56	
延納の届出	申告期限までに納付する金額	57	00
	延納届出額	58	000

←復興特別所得税額の記入をお忘れなく。

還付される税金の受取場所：銀行 金庫・組合 農協・漁協 ／ 本店・支店 出張所 本所・支所 ／ 郵便局名等 ／ 預金種類 普通 当座 納税準備 貯蓄 ／ 口座番号 記号番号

税理士 署名押印 電話番号 － － ㊞

税理士法書面提出 30条 33条の2

○ 収受事実を確認されたい方は、収受日付印を押なつしますので、申告書提出時に請求してください（内容を証明するものではありません。）。

※ 所得金額の証明が必要な方は、納税証明書をご利用ください。

○ この申告書を提出される方は、住民税・事業税の申告書を提出する必要がありません。

事例は特定を避けるため裁判例や実例を組み合わせて作成した。また解法は裁判例や諸論稿に基づくが、独自の解法は★表示とした。

Q2　事業収入と給与収入ある場合の収入認定方法①
（給与収入を事業収入に換算する手法）

（前提） Xは申立人、Yは相手方。
X、Yは別居しており、XはA・Bを監護している。権利者は子らとともに自宅に居住し、義務者は実家に別居している。義務者は事業を営むとともに、給与収入も得ている。XがYに婚姻費用を請求する場合、義務者Yの収入をどのように認定するか。

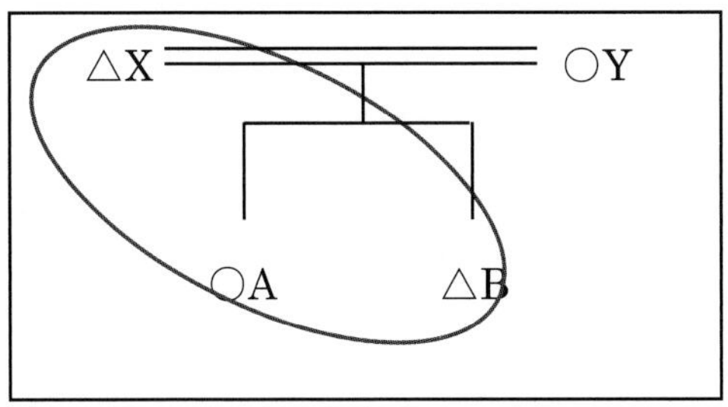

（説明） 参考資料

・判例タイムズ 1209「養育費・婚姻費用算定表の運用上の諸問題」（岡健太郎） p6
・ケース研究 287「養育費・婚姻費用算定表の運用上の諸問題（岡・平城）p 105
・家裁月報 62 巻 11 号「婚姻費用分担事件の審理―手続きと裁判例の検討」（松本哲泓） p 59

（１） 岡氏によると、「権利者または義務者が給与所得と事業所得の両方を得ている場合がある。算定表を利用して養育費・婚姻費用を算定する場合には、給与所得額と事業所得額の一方を他方に換算し、合算した額について算定表を利用する方法が考えられる。」とあるが、実際の申告書の数字をどのように加算もしくは控除したらいいのか、申告書記入例を用いて計算してみる。

（給与収入を事業収入に変換する手法）―岡・平城氏 P 105 の説明を以下のように解した。

（２） 具体的な求め方は、まず左頁所得税申告書の左側「収入金額欄の給与㋕」の数字 800 万円に注目する。これを算定表の縦軸の「給与」欄 800 とあるところの右側の「自営」欄の数字が 601 であることを確認する。（これは給与収入の 800 万円が事業所得の 601 万円に相当することを意味する。）

（３） 次にその事業所得に換算した 601 万円を申告書の所得金額欄の①事業所得の 200 万円と合計すると 801 万円、これが自営業ベースに引き直した所得金額となる。

この自営業者の所得額に引き直した額から算定表に当てはめるべき所得金額を求めるには、この数字に、申告書右側下部「その他」欄の現実に支払われていない場合の「㊿専従者給与(控除)額の合計額」60 万円、「51青色申告特別控除額」10 万円を加算すると、本事例の事業収入に引き直した場合の収入額は 871 万円となる。（この数字は算定表の給与ベース 1,140 万円にほぼ相当する。）

（４） なお、算定表に当てはめる自営業者の事業所得を求める際、社会保険料を控除する(Q1 参照)が、この計算では、控除しない。申告書中の社会保険料は、事業収入と給与収入ある場合には厚生年金保険料や健保組合保険料がその内訳であり給与収入から源泉徴収されているので事業所得から控除するべきではない。非正規雇用者などで、国民健康保険・国民年金保険加入者の場合があるが、本件のような事例では国民健康保険料の額によっては、事業所得から控除することも考えられる。（下線部は筆者私見）

以上

事例は特定を避けるため裁判例や実例を組み合わせて作成した。また解法は裁判例や諸論稿に基づくが、独自の解法は★表示とした。

Q11　権利者が４人以上の子を監護している場合の婚姻費用

（前提）Ｘは申立人、Yは相手方。ＸとYは別居しており、ＸはA・B・C・Dを監護している。ＸがYに請求する婚姻費用の計算式を求める。（A・B・C・Dは19、17、14、10歳の子。）

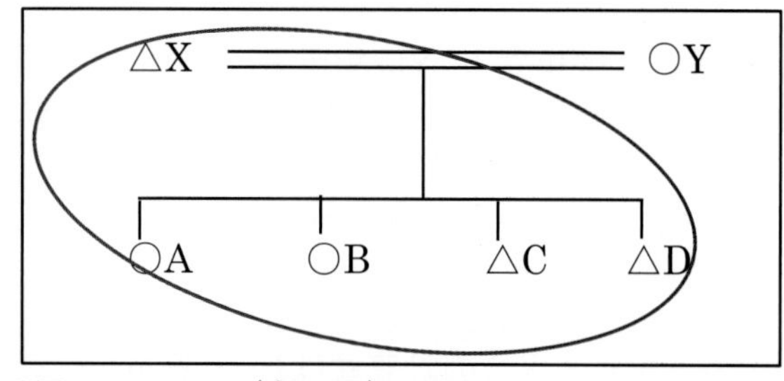

（説明）参考資料
・ケース研究 279「養育費・婚姻費用算定表の活用について」（青木晋）p 153
・判例タイムズ 1179「養育費・婚姻費用算定の実務」（濱谷・中村）p38
・判例タイムズ 1209「養育費・婚姻費用算定表の運用上の諸問題」（岡健太郎）p6
・法曹時報 H26. 6「婚姻費用・養育費の調停・審判事件の実務」（松谷佳樹）p48
（どの論稿も同じ計算式を示すが、青木氏も岡氏も婚姻費用の計算式には触れていない）

（１）夫婦と子ら全員の同居状態を仮定して、世帯全体の基礎収入を算定する。次に夫婦及び子の生活費指数を考慮して各世帯に配分し、さらにこの配分額から実際の権利者の基礎収入を控除して不足額を義務者に払わせる（松谷）。

（２）一般式(年額)
婚姻費用年額＝｛（Xの基礎収入＋Ｙの基礎収入）×（権利者Ｘと子の生活費指数合計）÷（権利者・義務者・子供全員の生活費指数合計）｝—Xの基礎収入
婚姻費用月額=年額÷12

（３）具体的当てはめ
本件ではＸの基礎収入を 100 万円、Ｙの基礎収入を 250 万円とする。親と子の生活費指数はそれぞれ 100、85(A・B)、62（C・D）とする。（１）の計算式を本件に当てはめると、

｛（250＋100）×（100+85+85+62+62）÷（100+100＋85+85＋62+62）｝－100 ≒179.1 万円(年額)　→179.1 万円÷１２≒14.9 万円(月額)
Ｘ がＹに対して請求できる婚姻費用は、月 14.9 万円となる。

以上

事例は特定を避けるため裁判例や実例を組み合わせて作成した。また解法は裁判例や諸論稿に基づくが、独自の解法は★表示とした。

Q12　収入の多い親が子を監護する場合の婚姻費用・養育費

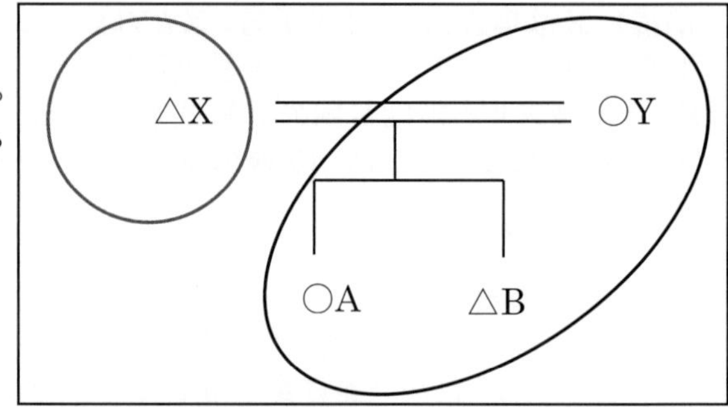

（前提）Xは申立人、Yは相手方。
XとYは別居しており、YはA・Bを監護している。XがYに請求する婚姻費用の計算式を求める。<u>YはXよりも高額の収入を得ている</u>。（A・B は14 歳以下の子とする。）

逆に、<u>Yが離婚後にXに対して子らA・Bの養育費を求める</u>場合の計算式はどうなるか。

（説明）参考資料
- ケース研究 279「養育費・婚姻費用算定表の活用について」（青木晋）p 153
- 判例タイムズ 1179「養育費・婚姻費用算定の実務」（濱谷・中村）p38
- 法曹時報 H26. 6「婚姻費用・養育費の調停・審判事件の実務」（松谷佳樹）p48
- 養育費・婚姻費用算定表についての解説（東京家庭裁判所）p1、p3
- 「養育費, 婚姻費用の算定に関する実証的研究」（司法研修所編）p14

（婚姻費用）

（１）権利者Xと義務者Yの基礎収入を合算して、家族全員の生活費指数に対する権利者（グループ）の生活費指数の割合を乗じて計算したものから権利者の基礎収入を差し引く方法。

「義務者の基礎収入が最低生活費を下回る場合、従前、義務者は養育費・婚姻費用分担義務を免れるとされる場合が少なくなかったが、標準的算定方式では、生活保持義務の考え方を徹底し、金額は少なくても免責されないものとしている（濱谷・中村）。」

（２）一般式(年額) ＝婚姻費用の一般式（Q11 参照）

婚姻費用＝｛（権利者Xの基礎収入）＋（義務者Yの基礎収入）｝×（権利者Xの生活費指数）÷｛（権利者Xの生活費指数）＋（義務者Yグループの生活費の指数）｝—（権利者Xの基礎収入）　　　婚姻費用月額=年額÷12

（３）具体的当てはめ

本件ではXの基礎収入を100 万円、Yの基礎収入を250 万円とする。親と子の生活費指数はそれぞれ 100、62(A・B)とする。

（２）の計算式を本件に当てはめると、

（100＋250）×100÷（100＋100＋62＋62）－100 ≒８万円(年額)

→８万円÷１２≒0.7 万円(月額)

<u>(結果がマイナスになる場合はXがYに対して支払う婚姻費用となる。)</u>

XがYに対して請求できる婚姻費用は、月 0.7 万円となる。

（養育費）

（１）権利者と義務者の基礎収入をもとに、子が義務者と同居していると仮定した場合に子に充てられるべき生活費を計算し、これを義務者・権利者の基礎収入の割合で按分し、義務者が支払うべき養育費の額を定める方法。東京家裁の解説 p1 によると、「基本的な考え方の大きな特徴は、実際の生活形態とは異なり、収入のより多い親(義務者)と子が同居している状態をいわば仮定し、子の生活費を計算するという考え方を採用しているということです。これは生活保持義務の考え方に由来するもの」としている。

なお、「養育費の算定に当って、権利者の収入が義務者の収入よりも高額な場合は、権利者と義務者の収入額が同額である場合に義務者が支払うべき費用を以て養育費の限度額としている(濱谷・中村)。」「結果的には常に義務者と同居している状態を仮定して計算することになる(青木)。」 理由として「(収入の多い)権利者の基礎収入を基準として子に配分するべき金額を算出するのが相当であるという考え方では、権利者の基礎収入が高額になればなるほど、義務者の養育費負担義務が増加していくことになって義務者に酷な状況になる（松谷）。」とされる。東京家裁の解説 p3（注 2）も同趣旨。

（２）一般式(年額) =養育費の一般式

養育費＝義務者Ｘの基礎収入×（子の生活費指数）÷｛義務者Ｘの生活費指数＋子の生活費の指数）×義務者Ｘの基礎収入÷（義務者Ｘの基礎収入+権利者Ｙの基礎収入）

（ただし、X<Y の場合には、下線部は X÷（X+Y）→X÷2X となる。）　　養育費月額=年額÷12

（３）具体的当てはめ

本件ではＸの基礎収入を 100 万円、Ｙの基礎収入を 250 万円とする。親と子の生活費指数はそれぞれ 100、62(A・B)とする。本件のケースでは、Ｘ＝Ｙとして計算した値が養育費の上限となる。

（２）の計算式を本件に当てはめると、

100×（62+62）÷（100+62+62）×100÷（100+100）≒27.7 万円(年額)

→27.7 万円÷12≒2.3 万円(月額)

Y が X に対して請求できる養育費は、月 2.3 万円となる。

（収入の多い親の基礎収入を基準にして、基礎収入で按分する（上記（2）の修正を行わない）と、250×（62+62）÷（100+62+62）×100÷（100+250）≒39.5 万円(年額)→39.5÷12≒3.3 万円(月額)
上記の計算式を用いるより義務者の負担が重くなる。）

(まとめ)

婚姻費用の計算では収入の多い親が子を監護しているときでも一方の親に支払うことが起こりうる。養育費については義務者の収入が低いときでも、子を監護している、収入の高い権利者から収入の低い義務者に養育費支払いを請求できる。ただし、その場合でも、義務者の支払額は双方の収入が同一である場合に義務者が支払うべき額を以て、その限度とする点に注意したい。(養育費の算定表の分布を参照されたい。)

以上

婚姻費用養育費問題研究会

事例は特定を避けるため裁判例や実例を組み合わせて作成した。また解法は裁判例や諸論稿に基づくが、独自の解法は★表示とした。

Q13　夫婦双方が子を監護している場合の婚姻費用

（前提）Ｘは申立人、Yは相手方。
ＸとYは別居しており、それぞれＡとＢを監護している。ＸがYに請求する婚姻費用の計算式を求める。
（Ａは16歳、Ｂは14歳の子とする。）

△X　○Y
○A　△B

（説明）参考資料

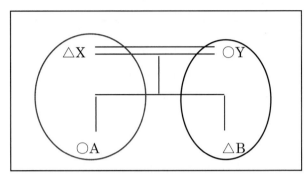

・ケース研究 279「養育費・婚姻費用算定表の活用について」（青木晋）p 162
・判例タイムズ 1179「養育費・婚姻費用算定の実務」（濱谷・中村）p38
・判例タイムズ 1209「養育費・婚姻費用算定表の運用上の諸問題」（岡健太郎）p7
・法曹時報 H26.6「婚姻費用・養育費の調停・審判事件の実務」（松谷佳樹）p48
・後掲 Q17 p 25 補論「双方が扶助義務ある子を別々に監護する場合と一方に扶助義務のない子がある場合の計算式との相違点」―Q13 と Q17、Q18、Q19、Q27 などの計算式の相違点の説明

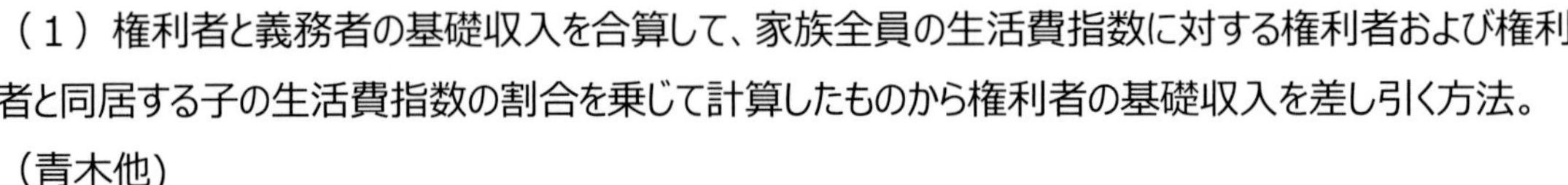
（１）権利者と義務者の基礎収入を合算して、家族全員の生活費指数に対する権利者および権利者と同居する子の生活費指数の割合を乗じて計算したものから権利者の基礎収入を差し引く方法。
（青木他）

（２）一般式(年額)

婚姻費用＝｛（権利者Ｘの基礎収入）＋（義務者Ｙの基礎収入）｝×（権利者Ｘグループの生活費の指数）÷｛（権利者Ｘグループの生活費指数）＋（義務者Ｙグループの生活費の指数）｝―（権利者Ｘの基礎収入）　　　婚姻費用月額=年額÷12

（３）具体的当てはめ

本件ではＸの基礎収入を 100 万円、Ｙの基礎収入を 250 万円とする。親と子の生活費指数はそれぞれ 100、85(A)、62(B)とする。

（２）の計算式を本件に当てはめると、

（100＋250）×（100＋85）÷｛（100＋62）＋（100＋85）｝－100 ≒86.6 万円(年額)　→86.6 万円÷12≒7.2 万円(月額)

<u>(結果がマイナスになる場合はＸがＹに対して支払う婚姻費用となる。)</u>

ＸがＹに対して請求できる婚姻費用は、月７.２万円となる。

以上

事例は特定を避けるため裁判例や実例を組み合わせて作成した。また解法は裁判例や諸論稿に基づくが、独自の解法は★表示とした。

Q14　私学学費と婚姻費用（Q34 養育費の項と比較）

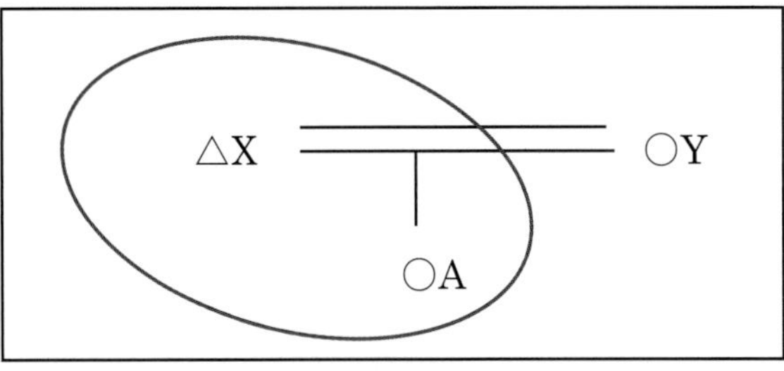

（前提）Xは申立人、Yは相手方。XとYは別居しており、Xは私立学校に通うAを監護している。Yが学費分担を認めるとしてXがYに婚姻費用を請求するに当たり、私学学費負担分をどのように加算するべきか。（子Aは15歳とする。）

（説明）参考資料

- 判例タイムズ 1179「養育費・婚姻費用算定の実務」（濱谷・中村）p40
- 判例タイムズ 1208「婚姻費用の算定を巡る実務上の諸問題」（菱山・太田)p30
- 判例タイムズ 1209「養育費・婚姻費用算定表の運用上の諸問題」（岡健太郎） p 10
- ケース研究 287「養育費・婚姻費用算定表の運用上の諸問題」（岡・平城） p 110
- 家裁月報 62 巻 11 号「婚姻費用分担事件の審理―手続きと裁判例の検討」（松本哲泓） p 73
- 法曹時報 H26. 6「婚姻費用・養育費の調停・審判事件の実務」（松谷佳樹） p57

（１）「標準的算定方式は公立学校の教育費を前提としているため、私立学校の教育費には足りない。そこで、私立学校と公立学校の教育費の差額のうち義務者が負担するべき額を養育費（ここでは婚姻費用と読み替える）に加算する必要がある。(加算の対象として私立学校の入学金、授業料、交通費、塾代等が考えられるが、どの範囲の費用を加算するべきか事案に応じて検討する必要あり。)」（岡）

（２）「実際に支払うべき教育費から、すでに考慮されている公立学校の教育費を控除することで教育費の不足額を算定する。①高額収入者の場合、実際に支払うべき教育費から、生活費指数のうち公立学校の教育費が占める割合（改定後 62 に対して 11、85 に対して 25）を養育費に乗じた額を控除する方法によるべきであるが、②高額収入者でない場合には実際に支払うべき教育費から公立学校教育費相当額を控除する方法でたりる。」（岡） ★なお、私立高校就学支援金を受給している場合には公立高校就学支援金との差額を学費から控除する扱いが公平と思われる。

（３）以上の岡氏の論稿では、算定表で求めた婚姻費用・養育費に私学学費の不足分をどのように加算するかの解説となっている。「具体的な加算額は、学費等の不足額を義務者と権利者の基礎収入に応じて按分して計算することが考えられますが、私立学校の学費等が極めて高額である場合には、義務者の負担が過大となり、その生活が成り立たなくなる恐れもあります。このような場合には、義務者の収入や資産の状況等を考慮して、義務者と権利者の負担割合を調整する必要があるでしょう。」(岡)

「（不足額を基礎収入割合で按分する）方法によると権利者に収入がないか非常に少ない場合には、そのすべてを義務者が負担することになるが、その支出が現実には基礎収入部分からなされるのが通常であることからすると義務者の生活費部分を権利者のそれより少なくすることになる。そこで義務者の収入の多寡や分担を要する教育費の額によっては上記方法によらず、適切な分担を検討すべきである。（松本）」。本稿では義務者負担が過大とならないようにするために、婚姻費用分担額を決めるに当たり、私学学費の不足額を家族で応分に分担することで私学学費分担後の生活費が権利者・義務者でバランスがとれるよう調整する方法を考える。(下記（４）④の手法を当研究会が提案する。)

事例は特定を避けるため裁判例や実例を組み合わせて作成した。また解法は裁判例や諸論稿に基づくが、独自の解法は★表示とした。

（４）実務でのいくつかの手法を以下に紹介する。

①子の生活費指数の内、教育費の占める割合を用いる方法（生活費指数 62 に対して 11、85 に対して 25）（岡・平城氏らが紹介する方法）

義務者の基礎収入 350 万円、権利者の基礎収入 200 万円、15 歳の子の私学学費 90 万円として、子の生活費の額は(350+200)×85÷(100+100＋85)≒164.0 万円(年額)ⓐ
公立学校学費相当分は 164.0×25÷85≒48.2 万円(年額)－算定表において考慮済み。
学費不足額は 90 万円―48.2 万円＝41.8 万円(年額)ⓑ　これを基礎収入で按分すると、
義務者が負担するべき学費不足額は 41.8 万円×350÷(350+200)≒26.6 万円(年額)ⓒ
婚姻費用は(350+200)×(100+85)÷(100+100+85)－200≒157.0 万円(年額)。
私学学費含む婚姻費用は 157.0+26.6＝183.6 万円　月額 183.6÷12≒15.3 万円

（この場合の学費を除く各人の生活費を計算してみる。義務者はⓐ164.0×100÷85(義務者の生活費)-ⓒ26.6＝166.3 万円、権利者はⓐ164.0×100÷85-(ⓑ41.8-ⓒ26.6)＝177.7 万円、15 歳の子は 115.8 万円(学費を除く生活費指数 60 としてⓐ×60÷85)　私学学費 90 万円の合計で 550 万円となる。）

②平均収入に対する（※）公立学校教育費相当額（15 歳未満の子で 131,379 円（月額 10,948 円）、15 歳以上 259,342 円（月額 21,612 円））を控除する方法（岡・平城氏らが紹介するもう一つの方法）

学費不足額＝学費 90 万円-259,342 円＝64.1 万円ⓓ、これを基礎収入で按分すると義務者が負担するべき学費不足額は 64.1 万×350÷(350＋200)＝40.8 万円(年額)ⓔ。権利者はⓓ―ⓔ=23.3 万円。婚姻費用は(350+200)×(100+85)÷(100+100+85)-200≒157.0 万円(年額)。私学学費含む婚姻費用は 157.0+40.8＝197.8 万円　月額 197.8÷12≒16.5 万円。

（この場合の学費を除く各人の生活費を計算してみる。義務者はⓐ164.0×100÷85（義務者の生活費）－ⓔ40.8＝152.1 万円、権利者はⓐ164.0×100÷85－(ⓓ64.1-ⓔ40.8)＝169.6 万円、15 歳の子は 138.1 万円(＝ⓐ164.0-公立学費 25.9)、私学学費 90 万円の合計で 550 万円となる。）

（※）本書巻末ｐ86 参考資料⑥資料２学校教育費＝公立中学 131,379 円（月額 10,948 円）、公立高校 259,342 円（月額 21,612 円）

（注）★この手法で月額 21,612 円をそのまま用いるのではなく、公立高校世帯平均年収 7,618 千円と当事者双方の収入合算額を比較して、この世帯の標準的教育関係費を求める方法が考えられる。(加除出版「家庭の法と裁判」No3/2015.10ｐ71 裁判例解説参照)　21,612 円(月額)×(350＋200)万円(双方の基礎収入計)/7,618 千円×40%(基礎収入割合)≒39,010 円(年額 468,130 円)となる。これを上記の式に当てはめると、学費不足額は 7.5 万円-39,010 円≒35,990 円、これを基礎収入で按分すると義務者の不足額分担額は 35,990×350/(350+200)≒22,903 円。最終分担額は 13.1 万円＋22,903 円≒15.4 万円となる。①の計算結果に近似する。(改定算定方式の学校教育費により計算しなおした。)

③婚姻費用分担額の内の義務者が負担している教育費を求め、私学学費の分担額を基礎収入比により按分した額から、これを控除した額を婚姻費用に加算する方法（①の手法の変形）

婚姻費用分担額は(350+200)×(100+85)÷(100+100+85)－200≒157.0 万円(年額)

このうち義務者負担として考慮済みの教育費は、350×25÷285＝30.7 万円ⓕ 義務者の負担するべき学費は 90 万円×350÷(350+200)≒57.3 万円ⓖ 婚姻費用に含まれていない学費ⓖ57.3－ⓕ30.7≒26.6 万円ⓗ 私学学費含む婚姻費用は157.0＋ⓗ26.6＝183.6万円。月額 183.6÷12≒15.3 万円。

(この場合の学費を除く各人の生活費を計算してみる。義務者はⓐ164.0×100÷85－ⓗ26.6＝166.3 万円、権利者はⓐ164.0×100÷85-ⓗ26.6×200÷350＝177.7 万円、15 歳の子は115.8 万円(＝ⓐ164.0×60÷85) 私学学費 90 万円の合計で 550 万円となる。)

④★(試論)学費を控除したのちのそれぞれの生活費の額が生活費指数に準じたものになるようバランスを取る方法(当研究会の考案による。)

基礎収入の合計からまず学費を控除した額により、義務者 100、権利者 100、子 60(＝85－25)の割合で生活費を求める。

基礎収入は 350+200＝550 万円、学費の按分割合を基礎収入比で求める。義務者は 90×350÷(350+200)≒57.3 万円 権利者は 90－57.3≒32.7 万円となるので、それぞれの基礎収入からこれらを控除すると、義務者の基礎収入 350－57.3＝292.7 万円 権利者の基礎収入 200－32.7＝167.3 万円となる。基礎収入合計 292.7+167.3＝460 万円(学費控除後)

私学学費含む婚姻費用は婚姻費用が 460×(100+60)÷(100+100+60)-167.3≒115.8 万円なので、義務者の学費の分担額は 57.3 万円を加算すると 115.8+57.3≒173.1 万円(年額) 月額にして 173.1÷12≒14.4 万円

(この場合の学費を除く各人の生活費を計算してみる。義務者は 176.9 万円 (＝350－173.1) 、権利者は 176.9 万円(＝460×100÷260)、15 歳の子は 106.2 万円(＝460×60÷260) 私学学費 90 万円の合計で 550 万円となる。)

(5) (検証) (4) の各計算式の結果とカッコ内に示した各人の生活費の比較からみて明らかなように、権利者と義務者の生活費が同額になるように設定される④の方法が最も望ましい計算手法と考える。

①の方法は基礎収入から婚姻費用(義務者と権利者の公平な分担額)を求めたのちに、学費を基礎収入の割合で按分して負担するので、基礎収入の多いほうの生活費がより多く削られる結果になり、収入差が多い場合には基礎収入の多い義務者に過大な負担となる可能性がある。

②では収入の大きい義務者にとっては公立の教育費が低く計上されるため、私学学費不足額が大きく算定される結果、義務者の生活費がより大きく削られることになる。②(注)★の方式によると収入に見合った公立校教育費の額に修正がされるため、幾分問題点が補正されるといえる。

また③の手法は、計算過程が異なるだけで、結論は①と同じものになる。①と同様の問題点がある。

(6) (補遺) H 26.8.27 大阪高裁決定(加除出版「家庭の法と裁判」No3/2015.10 p 71 裁判例解説参照)では、上記松本論稿の指摘を受けて、超過教育費を双方が生活費の中から捻出するべきとして、(婚費が払われることで生活費の原資が同額になるので)超過額を双方が 2 分の 1 ずつ負担するのが相当としている。上記①の手法で双方の分担を同額とするものである。けだし妥当であるが、④のように子の生活費を減額調整しない点で不十分と考える。(筆者私見)

以上

婚姻費用養育費問題研究会

事例は特定を避けるため裁判例や実例を組み合わせて作成した。また解法は裁判例や諸論稿に基づくが、独自の解法は★表示とした。

Q15　一方当事者が共有財産を持ち出した場合の婚姻費用

（前提）Xは申立人、Yは相手方。XとYは別居しており、XがAを監護している。Xは別居する際に共有財産である銀行預金を持ち出した。YはXから婚姻費用を請求されたが、共有財産を持ち出したことを理由に拒否できるか。（子Aは14歳とする。）

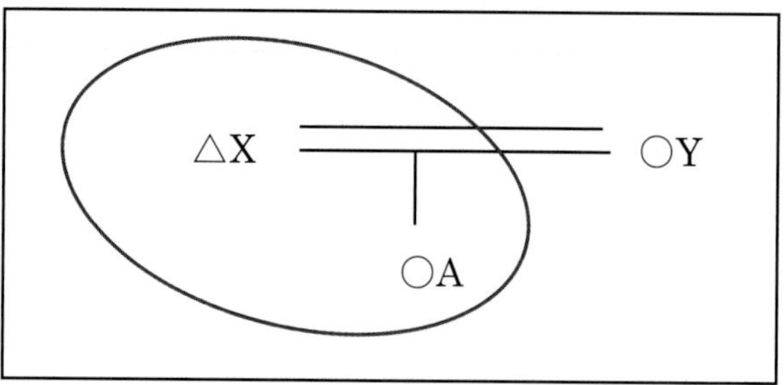

（説明）参考資料

・判例タイムズ1208「婚姻費用の算定を巡る実務上の諸問題」（菱山・太田）p 28
・法曹時報H26.6「婚姻費用・養育費の調停・審判事件の実務」（松谷佳樹）p 59

（１）「婚姻費用分担を求められた義務者が、権利者が別居時に夫婦共有財産を持出し、それを費消して生活費に充当している場合に実質的な婚姻費用の前払いであるとして、婚姻費用の支払いを拒否する事例が見られる。通常、そのような問題は離婚時の財産分与で処理されるべきであり、原則として、婚姻費用の分担額算定に当たっては考慮すべきではないと思われる。」(菱山・太田)

（２）理由として、「①権利者が管理する夫婦共同財産があり、それを権利者が生活費に費消できるとして義務者の分担額を減免すれば、一方で義務者は婚姻費用分担額を不当に免れ、他方で、権利者は、本来財産分与によって取得できるはずの夫婦共同財産を失う結果となり、不公平な結果を招くこと、②権利者が、持ち出した共有財産を当座の生活費に費消することを前提として分担額を算定すると、のちの財産分与の際の法律関係がいたずらに複雑化することにもなりかねないこと、③婚姻費用分担額は、夫婦である当事者双方の継続的収入に基づいて算定される性質のものであるから、義務者が継続的に収入を得ている限り、権利者が資産を有していてもそれは考慮の対象外とすべきであることなどが挙げられる。」(菱山・太田)

（３）「もっとも、具体的な事案においては権利者により共有財産を持ち出されておりながら、さらにそれに加えて婚姻費用を分担させることが義務者に酷と思われる事例も見られ、そのような事情が考慮されている例もまれではないようである。」(菱山・太田)

（４）「そもそも算定表における婚姻費用の算定は、双方の資産を基本的に考慮することなく、双方の収入に基づいて算定しており、例えば義務者が多額の夫婦共有財産を管理していたとしても特に婚姻費用を増額しないのと同様に権利者が夫婦共有財産を持ち出していたとしても、婚姻費用額を減額しないのが原則である。またいくら持ち出したかが争いになるケースも少なくなく、これを婚姻費用の調停・審判で取り扱うのはやや審理が重たくなり過ぎ、簡易迅速に決定されるべき婚姻費用の性質に反する。」(松谷)

以上

事例は特定を避けるため裁判例や実例を組み合わせて作成した。また解法は裁判例や諸論稿に基づくが、独自の解法は★表示とした。

Q16　有責配偶者からの婚姻費用請求

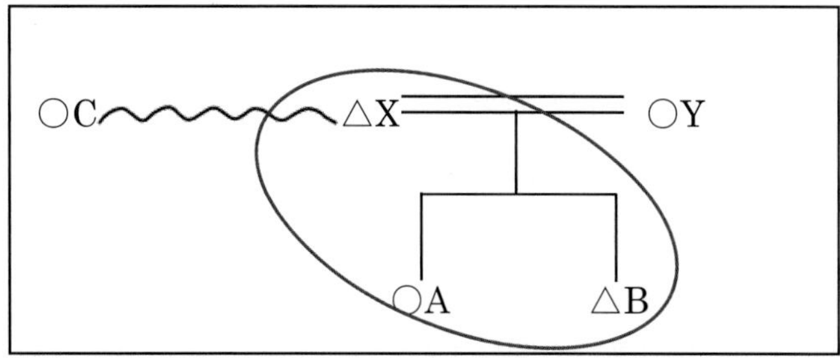

（前提） Xは申立人、Yは相手方。XとYは別居しており、XはA・Bを監護している。 XがYに請求する婚姻費用の計算式を求める。実務では、有責配偶者であっても通常の婚姻費用の分担を求めることもある。

本事例は、Xが有責であることが明白な場合に、養育費相当額を婚姻費用として分担する場合の計算である。**「養育費相当額」**という意味を巡って見解が分かれる。以下にそれぞれの見解を具体的な計算により紹介する。本件では、Xの基礎収入を 100 万円、Yの基礎収入を 250 万円とする。親と子の生活費指数はそれぞれ 100、62、62 とする。

（説明）参考資料
- 判例タイムズ 1208「養育費・婚姻費用の算定を巡る実務上の諸問題」（菱山・太田） p24
- 法曹時報 H26.6「婚姻費用・養育費の調停・審判事件の実務」（松谷佳樹） p58
- 家裁月報 62 巻 11 号「婚姻費用分担事件の審理―手続きと裁判例の検討」（松本哲泓） p 25
- 後掲 Q17 p 25（補論）「（双方に扶養義務ある子を別々に監護する場合の計算式と一方に扶養義務のない子がある場合の生活費指数の考え方）―Q13 と Q17、Q18、Q19、Q27 などの計算式の相違点の説明」

（１）通常の養育費の額を求める方法

①有責妻からの婚費請求の場合、権利濫用として許されないが、子の生活費だけは認めるという運用が実務上行われる場合がある。これは下記の計算方式（＝養育費）となる。

②一般式(年額)＝｛義務者Ｙの基礎収入×（権利者Ｘと同居する）子の生活費指数÷（義務者Ｙと子供全員の生活費指数）｝×義務者Ｙの基礎収入÷（権利者Ｘの基礎収入＋義務者Ｙの基礎収入の合計）　　→養育費相当月額=年額÷12

③具体的当てはめ＝｛250×（62＋62）÷（100＋62＋62）｝×250÷（100＋250）≒98.9 万円(年額)　→98.9 万円÷12≒8.2 万円(月額)。ＸがＹに対して請求できる婚姻費用(養育費相当額)は、月 8.2 万円となる。

④この場合の夫婦の生活費はどうか。夫は 250－98.9≒151.1 万円、妻は 100－（子の生活費 250×124÷224－98.9）≒60.5 万円　子らは 138.4 万円となる。

（２）★義務者から割り振られるべき婚姻費用と権利者から割り振られるべき婚姻費用の差額を求める方法(Q17 補論参照)

①Q17 では、生活扶助義務のない子に対しては、計算上これを考慮しない手法を採用しているが、本事例でもその考え方に準じて、義務者は扶助義務を有しない有責配偶者に対して生活費を分担しないものとして計算式を考える。（当研究会の考案による。）

②一般式(年額)

義務者Ｙから権利者Ｘ世帯に割り振られるべき婚姻費用＝義務者Ｙの基礎収入×（権利者と同居する子の生活費指数）÷（義務者の生活費指数＋子の生活費指数））・・・・（a）

②権利者Ｘから義務者Ｙに割り振られるべき婚姻費用＝(※注 2)権利者Ｘの修正基礎収入×（義務者の生活費指数＋同居する子の生活費指数）÷(権利者・義務者の生活費指数＋連れ子除く子の生活費指数)
（権利者には前婚の子の生活費を分担する義務はないので、権利者が分担するべき費用の計算に当り考慮しない。）
(※注 2)権利者Ｘの修正基礎収入は義務者に扶養義務のない連れ子Ｆの生活費を控除して修正を加えなければならない。（Ｑ１９①(5)参照）
権利者の修正基礎収入＝権利者の基礎収入－義務者に扶養義務のない子の生活費のうち権利者が分担するべき額＝権利者の基礎収入×（１－権利者の監護する連れ子の修正生活費指数÷権利者・義務者と子全員の生活費指数）
（連れ子の一方の親に収入ある場合には、その親と権利者または義務者との間で子の生活費を分担するので、権利者または義務者の基礎収入からその生活費相当額を控除するべきである。本件で養育費を得ている分の 36 万円は、権利者が負担する子の生活費とは別の、一方の親がその子のために負担するべきものなので考慮する必要はない。）連れ子の修正生活費指数の求め方はＱ17 補論（双方に扶養義務ある子を別々に監護する場合の計算式と一方に扶養義務のない子がある場合の生活費指数の考え方）の(5)参照のこと。

③ＹからＸへの婚姻費用分担額＝①-②＝Ｙの修正基礎収入×（100+連れ子除くＸと同居の子Ｃの指数）÷（200＋連れ子除くＸと同居の子Ｃの指数）－(※注 2)Ｘの修正基礎収入×100÷(200+連れ子除く子Ｃの指数)となる。(※注 2)Ｑ19①(5)参照のこと。
婚姻費用月額=年額÷12

（５）具体的当てはめ
本件では再婚相手（権利者）Ｘの基礎収入を 100 万円、前妻Ｄの基礎収入を 130 万円、義務者Ｙの基礎収入を 250 万円とする。親と子の生活費指数はそれぞれ 100、85(A・F)、62(B・C)とする。
①前項③の計算式を本件に当てはめるにつき、まず修正額を求める。
※(注 1) 義務者Ｙの基礎収入から前婚の子への養育費を控除した額 250－7×12＝166
※(注 2)権利者Ｘの修正基礎収入 100×(1－37÷（100+37+62+100）)＝87.6
Ｑ19①(5)で求めた連れ子の修正生活費指数を 37 として権利者の修正生活費指数を計算する。

②前項③式の義務者Ｙが権利者Ｘ世帯に支払うべき婚姻費用分担額
＝166×(100+62)÷(100+100+62)－87.6×100÷(100+100+62)≒102.6－33.4≒69.2 万円(年額) →69.2 万円÷12≒5.8 万円(月額)
ＹがＸに支払うべき婚姻費用は月 5.8 万円となる。

以上

事例は特定を避けるため裁判例や実例を組み合わせて作成した。また解法は裁判例や諸論稿に基づくが、独自の解法は★表示とした。

Q20　権利者が居住する自宅の住宅ローンを義務者が負担する場合の婚姻費用分担額(住宅ローン支払いの評価)

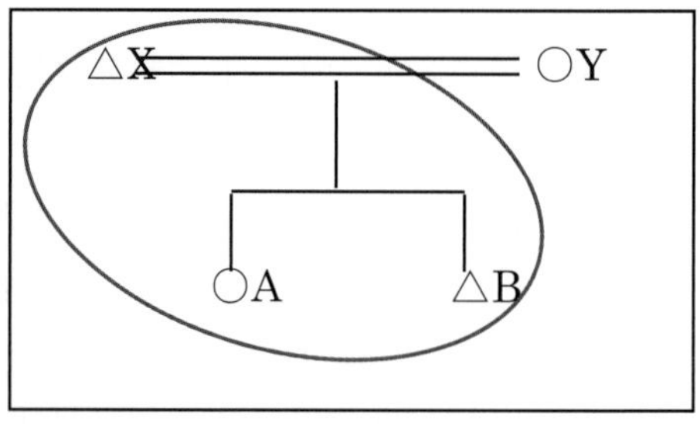

(前提)　Xは申立人、Yは相手方。

XとYは別居しており、XはA･Bを監護している。この場合のXがYに対して請求する婚姻費用の計算式を求める。(A･Bは14歳以下の子とする。)

権利者Xは子らとともに自宅に居住し、義務者Yは自宅のローンを返済するとともに、賃貸物件に別居している。

(説明)参考資料

・判例タイムズ 1208「婚姻費用の算定を巡る実務上の諸問題」(菱山・太田)p30
・判例タイムズ 1209「養育費・婚姻費用算定表の運用上の諸問題」(岡健太郎)p9
・ケース研究 287「養育費・婚姻費用算定表の運用上の諸問題」(岡・平城) p 106
・家裁月報 62 巻 11 号「婚姻費用分担事件の審理―手続きと裁判例の検討」(松本哲泓) p 68
・法曹時報 H26. 6「婚姻費用・養育費の調停・審判事件の実務」(松谷佳樹) p56

＜設例＞

義務者の総収入(給与)	**年額1,000万円(月額83万円)**	**基礎収入割合 40%**
権利者の総収入(給与)	**年額200万円(月額17万円)**	**基礎収入割合 43%**
住宅ローン支払い額	**年額180万円(月額15万円)**	

「義務者が家を出て、権利者が居住する自宅のローンを支払っている場合、権利者は自らの住居関係費の負担を免れる一方、**義務者は自らの住居関係費とともに権利者世帯の住居関係費を二重に支払っている**ことになるから、婚姻費用の算定にあたって、義務者が住宅ローンの支払いをしていることを考慮する必要がある。しかしながら、**住宅ローンの支払いには義務者の資産を形成するという側面も**あるので、支払い額全額を控除することは、生活保持義務より資産形成を優先させる結果にもなり、相当ではない。」(加除出版「家庭の法と裁判」No 8 /2017.1 p 92 斉藤敦裁判例解説)このような場合の算定方法として以下の手法が考えられる。

(1) 住宅ローン支払い額を特別経費として控除する方法(岡p9)

①総収入から住宅ローンの支払額を控除した額を総収入とみて算定する方法
(公租公課等の控除額が少なくなるという難点あり)

総収入＝1,000 万円－86.4 万円 (注参照) ＝913.6 万円

算定表 13 の 15 歳未満の子 2 人の表から月額 18~20 万円となる。

②総収入に基礎収入率を乗じて得た額から住宅ローン支払い額を控除して基礎収入を算定する方法

義務者の基礎収入＝1,000 万円×40%－86.4 万円 (注参照) ＝313.6 万円

権利者の基礎収入＝200 万円×43%＝86 万円

婚費＝ (313.6＋86) × (100+62+62) ÷ (100+100+62+62) －86≒190.3 万円

月額＝190.3÷12≒15.9 万円 (月額)

③義務者の特別経費に住宅ローン支払い額を加算して基礎収入率を低減し、総収入にこれを乗じて基礎収入を算定する方法

基礎収入の減少分＝86.4 万円（注参照）÷1,000 万円＝0.0864≒0.09
基礎収入率＝0.40－0.09＝0.31 なので、義務者の基礎収入は 1000×0.31＝310 万円
婚姻費用＝(310＋200×43%)×(100+62+62)÷(100+100+62+62)－200×43%≒187.8 万円　月額＝187.8÷12≒15.6 万円（月額）

（注）①～③の住宅ローン支払い額は算定表に於いて特別経費として考慮される標準的な住居関係費を差し引いた額を上限とする。統計資料（家計調査年報—本書巻末 p 85 参考資料⑤資料 2 参照）の「実収入（＝年収÷12）」欄の額(「年間収入階級」欄ではない)に照らして算定する。年収 1,000 万円では月収 83 万円になるので、実収入 7 9 万 4133 円の住居関係費と 95 万 3392 円の欄の住居関係費の間の月 7 万 8 千円程度が考慮済みとなるので、ローン支払い月額 15 万円から差し引いた額（15－7.8＝7.2 万円、年額 86.4 万円）を上限として控除・加算する。(ケース研究 287p108※内の説明参照)

（２）算定表による計算結果から一定額を控除する方法(岡 p 10、松本 p 68)

④権利者世帯の住居費相当額を控除する方法(岡 p10)

義務者が住宅ローンを支払うことで権利者は住居費の負担を免れていると考えて、算定された婚姻費用から権利者が本来負担すべき費用を控除する。

権利者の年収 200 万円（≒月収入 16.7 万円）の住居関係費は本書巻末 p85 の参考資料⑤資料 2 （特別経費実収入比）でみると、実収入 14 万 8113 円の欄 2 万 2247 円をやや上回る水準にある。ワンランク上の階層と比較、1 千円を加算してこれを算定表の額から控除する。
分担額＝20~22 万円（算定表 13）－2.3 万円＝17.7~19.7 万円（月額）

⑤住宅ローンの支払額の一定割合を控除する方法(岡 p 10)

控除割合を基礎収入に応じて定める計算。
控除額＝15 万円×200 万円×43%÷（1,000 万円×40%＋200 万円×43%）≒2.7 万円
分担額＝20~22 万円（算定表 13）－2.7 万円＝17.3~19.3 万円（月額）

⑥義務者の標準的住居費を控除する方法（松本 p68）

（義務者が自己の住居費を負担しながら住宅ローン支払いを継続するなど二重に住居費を負担する場合、権利者が住居費の支払いを免れることに着目、公平の見地から義務者の収入に見合う住居費を控除した大阪高裁決平 19.12.27 を紹介している。）
控除額＝7 万 8 千円（義務者の住居関係費、上記注参照）
分担額＝20~22 万円（算定表 13）－7 万 8 千円＝12.2~14.2 万円（月額）

「いずれにしても、権利者が自宅に住むことを希望する理由、双方の収入額、住宅ローンの返済額など、各事案における個別的事情を総合考慮して、双方にとって公平な結果となるように控除額ないし控除割合を算出することになると思われる（岡・平城）。」

以上

事例は特定を避けるため裁判例や実例を組み合わせて作成した。また解法は裁判例や諸論稿に基づくが、独自の解法は★表示とした。

(参考)住宅ローンの支払いを婚姻費用の算定において考慮するか。

(「婚姻費用分担事件の審理—手続きと裁判例の検討」(松本哲泓) 家裁月報 62-11. p 62 のまとめ)

ケース	考え方	結 論
住宅に義務者が居住する場合		
1義務者が住宅ローンを支払っている	双方にとって資産形成。義務者にとっては特別経費として考慮済み。	婚姻費用の額に影響しない。
2 権利者が住宅ローンを支払っている	義務者が権利者の負担において住居費の負担を免れている。	義務者が費やすはずの相当額を婚姻費用の算定において考慮する。
3 双方が住宅ローンを支払っている	権利者が実家に住居費を支払い、またオーバーローン状態であっても財産分与において清算するべき。	住宅ローンの支払いは財産形成のための支出であるから考慮しない。
住宅に権利者が居住する場合		
4 義務者が住宅ローンを支払っている (本件 Q20 の事例)	権利者は住居費の負担を免れている。	①権利者が無職無収入の場合、基礎収入において留保された住居費が全くないので、義務者に別居の責任大きい場合にはローン支払いを考慮しないこともある。 ②弁済額を総収入から控除する例。 ③権利者が負担するべき住居費を控除する例 ④義務者の標準的費用を考慮する例
5 権利者が住宅ローンを支払っている	支払いが住居費として相当額である場合には婚姻費用の増額は無理。相当額を超える場合でもその部分は資産形成の費用である。	義務者が実家に無償で居住する場合などには特別経費中の住居費が残っているはずなので考慮することもありうる。
6 双方が住宅ローンを支払っている	権利者の支払いは増額の理由にはならない。	義務者の負担が住居費として不当に低額の場合を除けば減額の理由にはならない。
上記のいずれでもない場合		
7 双方とも居住していない	当事者双方にとって、純然たる資産形成の費用。	いずれの支払いも考慮しない。
8 住宅を処分し住宅ローンのみが残っている	義務者が債務を負担していることを婚姻費用に考慮することができるかという問題。	原則的には考慮しないが、一部を権利者に負担させるのが相当な場合もある。
家庭内別居		
9 義務者が住宅ローンを支払っている	双方にとって住居確保の面があり、その費用は分担することが公平。	双方で分担する。
10 権利者が住宅ローンを支払っている	9 と同じ。	義務者に幾分か負担させるのが相当。
11 双方が住宅ローンを支払っている	9 と同じ	双方で分担するのが公平。住居の利用形態住宅ローンの額を個別に考慮する。

事例は特定を避けるため裁判例や実例を組み合わせて作成した。また解法は裁判例や諸論稿に基づくが、独自の解法は★表示とした。

Q21　元夫婦双方が子を監護している場合の養育費

（前提） Xは申立人、Yは相手方。
XとYは離婚しており、それぞれAとB・Cを監護している。XがYに請求する養育費の計算式を求める（A・B・Cは16歳、14歳、10歳の子）。
いくつかの計算方法を紹介する。

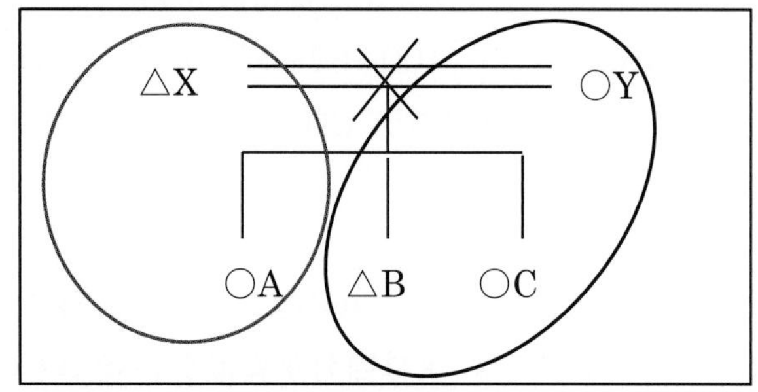

（説明）参考資料
・ケース研究279「養育費・婚姻費用算定表の活用について」（青木晋）p 162
・判例タイムズ1179「養育費・婚姻費用算定の実務」（濱谷・中村）p38
・判例タイムズ1209「養育費・婚姻費用算定表の運用上の諸問題」（岡健太郎） p7
・法曹時報 H26. 6「婚姻費用・養育費の調停・審判事件の実務」（松谷佳樹） p54

1.義務者が全ての子を監護養育していると仮定して子らの生活費を求め、これを按分する方法

義務者の基礎収入から子全員を義務者が同居監護するものとして子らの生活費を求め、これを義務者の基礎収入と権利者の基礎収入の割合で按分する。これをさらに権利者が監護する子の指数と義務者が監護する子の生活費指数の割合で按分して求める方法である(濱谷・中村)。
(青木氏はＰ162で本手法とは別に、算定表の「3人を義務者が監護している場合の養育費」を求め、義務者が監護する子の配分割合相当額を控除する方法を紹介している。算定表を使用する方法。)

（1）一般式(年額)
子らの生活費＝義務者Ｙの基礎収入×子全員の生活費指数÷（義務者・子供全員の生活費指数）
義務者が分担するべき生活費の額＝子ら全員の生活費×義務者の基礎収入÷(義務者の基礎収入＋権利者の基礎収入)
権利者が監護する子の養育費＝義務者が分担するべき生活費の額×権利者の監護する子の生活費指数÷子全員の生活費指数　　　養育費月額=年額÷12

（2）本件ではＸの基礎収入を100万円、Ｙの基礎収入を250万円とする。親と子の生活費指数はそれぞれ100、85(A)、62(B・C)とする。（１）の計算式を本件に当てはめると

子らの生活費＝250×(85+62+62)÷(85+62+62＋100)≒169.1万円
義務者が分担するべき生活費の額＝169.1×250÷（100+250）≒120.８万円
権利者が監護する子Ａの養育費＝120.８×85÷（62+62+85）≒49.1万円(年額)　49.1÷12≒4.1　→ＸがＹに対して請求できる養育費の月額は4.1万円となる。

（３）この解法には疑問がある。仮に義務者・権利者が同じ基礎収入（250）、双方が同じ指数 62 の子を監護する場合を考えると、養育費は生じない（０円である）はずだが、この解法で計算すると 250×（62+62）÷(100+62+62)×0.5（基礎収入比で按分）×0.5（子の生活費指数の按分）÷12＝2.9 万円となり、ゼロとはならない。次項以下の解法はこの難点をクリアする手法として提案されているものである。

2.★元夫婦双方がお互いに負担するべき養育費を計算する方法

前項の計算式では、**Ｘは自分が負担するべきＢとＣの生活費を分担していない**。したがって、これを勘案した計算式(以下のⅱの計算式)が必要であるとする考え方である。（当研究会の考案による。）

１．の方式は下記ⅰの計算式のみで完了しているが、本項の計算方式はⅰの計算結果からⅱの計算結果を控除する方法である。

（1）一般式(年額)

ⅰ)義務者からの子らへの生活費＝**義務者Ｙの基礎収入**×子全員の生活費指数÷（義務者・子供全員の生活費指数）

義務者が分担するべき生活費の額＝子ら全員の生活費×義務者の基礎収入÷(義務者の基礎収入＋権利者の基礎収入)

権利者が監護する子Ａの養育費＝義務者が分担するべき生活費の額×権利者の監護する子の生活費指数÷子全員の生活費指数①

（上記１の計算式はここまでで終了する。）

ⅱ)権利者からの子らへ生活費＝**権利者Ｘの基礎収入**×子全員の生活費指数÷（権利者・子供全員の生活費指数）

権利者が分担するべき生活費の額＝子ら全員の生活費×権利者の基礎収入÷(義務者の基礎収入＋権利者の基礎収入)

義務者が監護する子Ｂ・Ｃの養育費＝権利者が分担するべき生活費の額×義務者の監護する子の生活費指数÷子全員の生活費指数②

ⅲ)義務者から権利者へ負担する養育費は①－②（年額）÷12＝月額

（２）具体的当てはめ

ⅰ）義務者から子らへの生活費＝250×(85+62+62)÷(85+62+62＋100)≒169.1 万円

義務者が分担するべき生活費の額＝169.1×250÷（100+250）≒120.８万円

権利者が監護する子Ａの養育費＝120.８×85÷（62+62+85）≒49.1 万円(年額)①

（上記１の計算式はここまでで終了している。）

ⅱ）権利者から子らへの生活費＝100×(85+62+62)÷(85+62+62＋100)≒67.6 万円
権利者が分担するべき生活費の額＝67.6×100÷（250＋100）≒19.3 万円
義務者が監護する子Ｂ・Ｃの養育費＝19.3×(62+62)÷（62+62+85）≒11.5 万円(年額)②

ⅲ）義務者から権利者へ負担する養育費は①－②（年額）÷12＝（49.1－11.5）÷12＝37.6 万円÷12＝3.1 万円(月額)となる。

３．元夫婦双方がお互いに負担するべき養育費を計算する方法（義務者の基礎収入を基準とする）

前項２の手法と似たものとして、前項のⅱ）の**権利者が分担する子らの生活費を求める計算式を義務者の基礎収入から求める方法**も考えられるが、権利者が分担するべき子の生活費が過大に算定されることになりかねないので、相当ではない。

ｉ）は前項と同じ①

ⅱ)権利者から子らへの生活費＝**義務者Ｙの基礎収入**×子全員の生活費指数÷（権利者・子供全員の生活費指数）＝250×(85+62+62)÷(85+62+62＋100)≒169.1 万円
権利者が分担するべき生活費の額＝子ら全員の生活費×権利者の基礎収入÷(義務者の基礎収入＋権利者の基礎収入)＝169.1×100÷（250＋100）≒48.3 万円
義務者が監護する子Ｂ・Ｃの養育費＝48.3×(62+62)÷（62+62+85）≒28.7 万円(年額)②

ⅲ）義務者から権利者へ負担する養育費は①－②（年額）÷12＝（49.1－28.7）÷12＝20.4 万円÷12≒1.7 万円(月額)となる。

以上

事例は特定を避けるため裁判例や実例を組み合わせて作成した。また解法は裁判例や諸論稿に基づくが、独自の解法は★表示とした。

Q22　権利者が４人以上の子を監護している場合の養育費

（前提）Xは申立人、Yは相手方。X、Yは離婚しており、XはA･B･C･Dを監護している。XがYに請求する養育費の計算式を求める。（A･B･C･Dは19、17、14、10歳の子。）

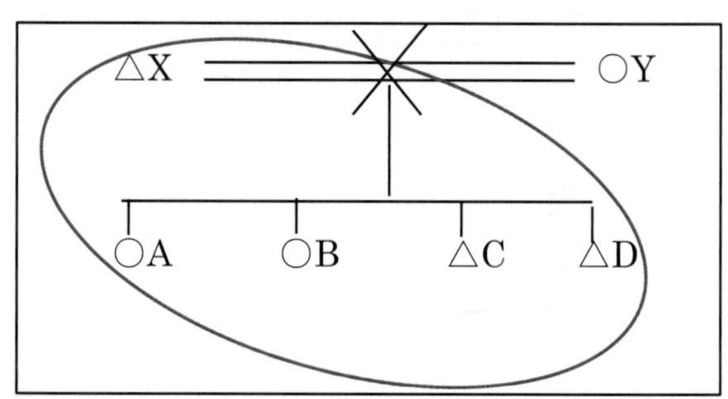

（説明）参考資料

・ケース研究 279「養育費・婚姻費用算定表の活用について」（青木晋）p 161
・判例タイムズ 1179「養育費・婚姻費用算定の実務」（濱谷・中村）p38
・判例タイムズ 1209「養育費・婚姻費用算定表の運用上の諸問題」（岡健太郎）p6
・法曹時報 H26. 6「婚姻費用・養育費の調停・審判事件の実務」（松谷佳樹）p49

(どの論稿も同じ計算式を示す)

（１）義務者Ｙが子ら全員を同居監護していると仮定して、子らの生活費を求め、これを権利者Ｘ義務者Ｙ双方の基礎収入の割合で按分して求める（青木）。

（２）一般式(年額) =養育費の一般式

養育費＝｛義務者Ｙの基礎収入×（子の生活費指数）÷（義務者Ｙと子供全員の生活費指数）｝×義務者Ｙの基礎収入÷(権利者Ｘの基礎収入＋義務者Ｙの基礎収入)

養育費月額=年額÷12

（３）具体的当てはめ

本件では権利者Ｘの基礎収入を 100 万円、義務者Ｙの基礎収入を 250 万円とする。親と子の生活費指数はそれぞれ 100、85(A･B)、62(C･D)とする。（２）の計算式を本件に当てはめると、

｛250×（85＋85＋62＋62）÷（100＋85＋85＋62＋62）｝×250÷（100＋250)

≒133.2 万円(年額)　　→133.2 万円÷12≒11.1 万円(月額)

ＸがＹに対して請求できる養育費は、月 11.1 万円となる。

（青木･岡氏らが示す、算定表を使う別の手法）

（１）子一人の算定表による算定結果に子４人の配分倍率を乗じる方法がある。

子一人の配分割合：子４人の配分割合＝$\frac{62}{100+62}$ ： $\frac{85+85+62+62}{100+85+85+62+62}$ ≒ 100：195

したがって子４人(14 歳以下２人、15 歳以上２人)の場合の配分割合は子一人の場合の 1.95 倍となる。これを算定表の給与収入に引き直すと基礎収入 100 万円→給与収入 232 万円、基礎収入 250 万円→給与収入 610 万円となるので、610 万円と 232 万円として子一人の養育費は６万円となるので、これに 1.95 を乗じると子４人の養育費は 11.7 万円となる。

以上

婚姻費用養育費問題研究会

事例は特定を避けるため裁判例や実例を組み合わせて作成した。また解法は裁判例や諸論稿に基づくが、独自の解法は★表示とした。

Q23　義務者が再婚した場合の前婚の子の養育費①
（再婚相手に収入がないケース、子がある場合、ない場合）

（前提） Xは申立人、Yは相手方。YはXと離婚後Dと再婚し、Cが生れた。XはA・Bを監護する。Xに収入あるが、Dに収入はない。（A・B・Cはそれぞれ16歳、10歳、0歳の子とする。）

Xが Yに請求するA・Bらの養育費の計算式を求める。再婚相手に収入がないことをどう考えるか、後婚の子がある場合どのように生活費指数を考えるか。

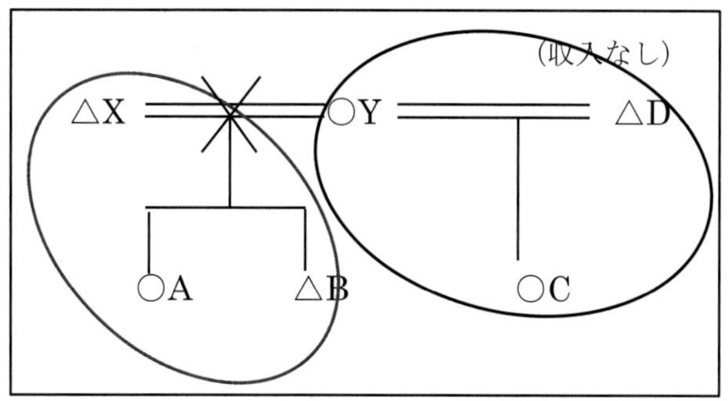

（説明）参考資料

・判例タイムズ 1179 号「養育費・婚姻費用算定の実務」（濱谷・中村）p39
・判例タイムズ 1208「婚姻費用の算定を巡る実務上の諸問題」（菱山・太田）p27 の手法の応用
・判例タイムズ 1209「養育費・婚姻費用算定表の運用上の諸問題」（岡健太郎）p 7
・法曹時報 H26. 6「婚姻費用・養育費の調停・審判事件の実務」（松谷佳樹） p62

（１）再婚相手Dが無職・無収入の場合は再婚相手と義務者Yがその子Cと前婚の子A・Bと同居したと仮定し、前婚の子A・Bに配分する額を算出する。この場合、再婚相手Dの生活費指数を62として計算する。（D（成人）の生活費の指数を生活保護基準に基づいて算出すると、0～14歳の子の指数とほぼ同じになる。子Cがいない場合には子の指数は不要となる。）（濱谷・中村）

（２）一般式(年額)

①前婚の子A・Bの生活費＝義務者Yの基礎収入×前婚の子A・Bの生活費指数÷（義務者Yの生活費指数＋再婚相手Dの指数＋再婚相手との間の子Cの指数＋前婚の子A・Bの指数）

②義務者が分担する前婚の子A・Bの養育費＝前婚の子A・Bの生活費×義務者Yの基礎収入÷（義務者Yの基礎収入＋権利者Xの基礎収入）

養育費月額=年額÷12

（３）具体的当てはめ

本件ではXの基礎収入を100万円、Yの基礎収入を250万円とする。親と子の生活費指数はそれぞれ100、85(A)、62(B・C・D)とする。①②の計算式を本件に当てはめると、

①前婚の子A・Bの生活費＝250×(85＋62)÷(100＋62＋62＋85＋62)≒99.1万円

②義務者が分担する前婚の子A・Bの養育費＝99.1×250÷(100＋250)≒70.8万円(年額)

→70.8万円÷12≒5.9万円(月額)

XがYに対して請求できる養育費は、月5.9万円となる。

以上

事例は特定を避けるため裁判例や実例を組み合わせて作成した。また解法は裁判例や諸論稿に基づくが、独自の解法は★表示とした。

Q24　義務者が再婚した場合の前婚の子の養育費②
(再婚相手に相当収入あるケース、子がいない場合)

(前提) Xは申立人、Yは相手方。
YはXと離婚後、Dと再婚した。XはA・Bを監護する。Xに収入あり、Dにも相当額の収入あり。(A・Bはそれぞれ16歳、10歳の子とする。)
XがYに対して請求する養育費の計算式を求める。

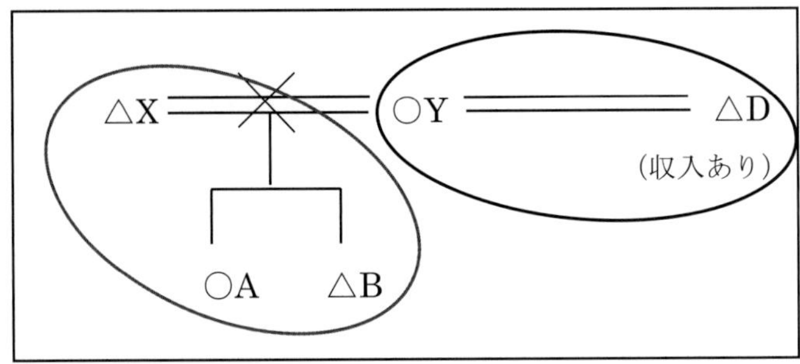

(説明)参考資料
・判例タイムズ1179号「養育費・婚姻費用算定の実務」(濱谷・中村)p39
・判例タイムズ1208「婚姻費用の算定を巡る実務上の諸問題」(菱山・太田)p27の手法の応用
・判例タイムズ1209「養育費・婚姻費用算定表の運用上の諸問題」(岡健太郎)p 7
・法曹時報H26.6「婚姻費用・養育費の調停・審判事件の実務」(松谷佳樹) p62

(1) 再婚相手に相当額の収入ある場合は再婚相手を計算に入れず、前婚の子と同居したと仮定して、前婚の子に配分する額を算出する。(濱谷・中村) (★自己の生活を賄うに至らない程度の低い収入であれば、Q23との整合性から再婚相手の生活費指数を62-再婚相手の基礎収入÷義務者の基礎収入×100として分母計算に含める、あるいはその収入を義務者の収入に合算するなどの調整方法も考えられる。計算例省略。新日本法規「婚姻費用・養育費の算定」(松本哲泓) p162参照)

(2) 一般式(年額)
①前婚の子A・Bの生活費＝義務者Yの基礎収入×前婚の子A・Bの生活費指数÷(義務者Yの生活費指数＋前婚の子A・Bの生活費指数)
②義務者Yが分担する前婚の子A・Bの養育費＝前婚の子A・Bの生活費×義務者Yの基礎収入÷(義務者Yの基礎収入＋権利者Xの基礎収入)
養育費月額=年額÷12

(3) 具体的当てはめ
本件では権利者Xの基礎収入を100万円、義務者Yの基礎収入を250万円とする。親と子の生活費指数はそれぞれ100、85(A)、62(B)とする。①②の計算式を本件に当てはめると、

①前婚の子A・Bの生活費＝250×(85＋62)÷(100＋85＋62)≒148.7万円
②義務者Yが分担する前婚の子A・Bの養育費＝148.7×250÷(100＋250)≒106.3万円(年額) →106.3万円÷12≒8.9万円(月額)

XがYに対して請求できる養育費は、月8.9万円となる。

以上

事例は特定を避けるため裁判例や実例を組み合わせて作成した。また解法は裁判例や諸論稿に基づくが、独自の解法は★表示とした。

Q25　義務者が再婚した場合の前婚の子の養育費③
（再婚相手に相当収入があり、子ができたケース）

（前提） Xは申立人、Yは相手方。Yは Xと離婚後Ｄと再婚し、Ｃが生まれた。Xは A・B を監護する。Xに収入あり、Dにも相当額の収入がある。(A・B・C はそれぞれ 16 歳、10 歳、0 歳の子とする。) XがYに請求するA・B の養育費の計算式を求める。

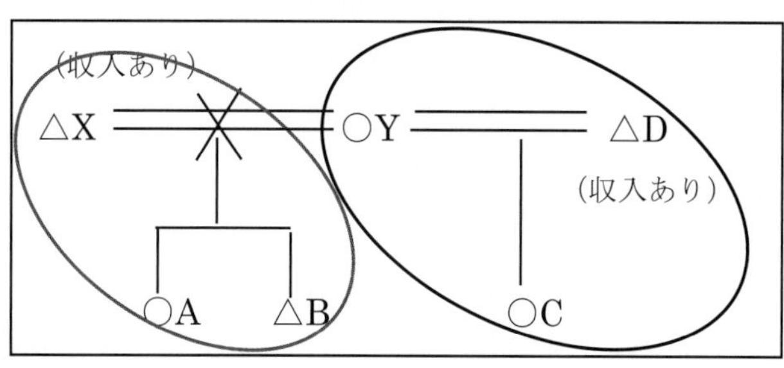

（説明）参考資料
・判例タイムズ 1179 号「養育費・婚姻費用算定の実務」（濱谷・中村）p39
・判例タイムズ 1208「婚姻費用の算定を巡る実務上の諸問題」（菱山・太田)p27 の手法の応用
・判例タイムズ 1209「養育費・婚姻費用算定表の運用上の諸問題」（岡健太郎）p 7
・法曹時報 H26. 6「婚姻費用・養育費の調停・審判事件の実務」（松谷佳樹） p62

（1）「再婚相手が相当の収入を得ている場合には、養育費の算定上これを考慮せず、子供たちだけが義務者と同居したと仮定して計算する。この場合、再婚相手との子の生活費指数について再婚相手も扶養義務を有していることから、その生活費指数を義務者と再婚相手との収入比によって按分するべきである。（濱谷・中村）」（★自己の生活を賄うに至らない程度の低い収入であれば、Q23 との整合性から再婚相手の生活費指数を 62-再婚相手の基礎収入÷義務者の基礎収入×100 として分母計算に含める、あるいはその収入を義務者の収入に合算するなどの調整方法も考えられる。この場合再婚相手との間の子の生活費指数は修正しない。計算例省略。新日本法規「婚姻費用・養育費の算定」（松本哲泓） p162 参照）

（2）一般式(年額)
①前婚の子 A・B の生活費＝義務者Ｙの基礎収入×前婚の子 A・B の生活費指数÷（義務者Ｙの生活費指数＋同居の子Ｃの按分した指数（※）＋前婚の子 A・B の指数）
（※）同居の子Ｃの按分した指数＝同居の子Ｃの生活費指数×義務者Ｙの基礎収入÷（義務者Ｙの基礎収入＋再婚相手 D の基礎収入）
②義務者Ｙが分担する前婚の子 A・B の養育費＝前婚の子 A・B の生活費×義務者Ｙの基礎収入÷（義務者Ｙの基礎収入＋権利者Ｘの基礎収入）
養育費月額=年額÷12

（3）具体的当てはめ
本件ではＸの基礎収入を 100 万円、再婚相手Ｄの基礎収入を 130 万円、Ｙの基礎収入を 250 万円とする。親と子の生活費指数はそれぞれ 100、85(A)、62(B・C)とする。前項①②の計算式を本件に当てはめると、同居の子の按分した指数＝62×250÷(130＋250)≒40.8
①前婚の子 A・B の生活費＝250×(85＋62)÷(100＋40.8＋85＋62)≒127.7 万円
②義務者Ｙが分担する前婚の子 A・B の養育費＝127.7×250÷(100＋250)≒91.2 万円(年額)
→91.2 万円÷12≒7.6 万円(月額)
XがＹに対して請求できる A・B の養育費は、月 7.6 万円となる。

以上

事例は特定を避けるため裁判例や実例を組み合わせて作成した。また解法は裁判例や諸論稿に基づくが、独自の解法は★表示とした。

Q26　認知した子の養育費　(Q25 と同じ考え方)

(前提)　Xは申立人、Yは相手方。

XはYの交際相手で子 A･B が生まれYはいずれも認知した。Yは D との間に子 C がいる。Xは子 A･B を監護する。Xに収入あり、D にも相当額の収入がある。(A･B･C はそれぞれ6歳、2歳、15歳の子とする。)

Xが Yに対して請求する子 A･B の養育費の計算式を求める。

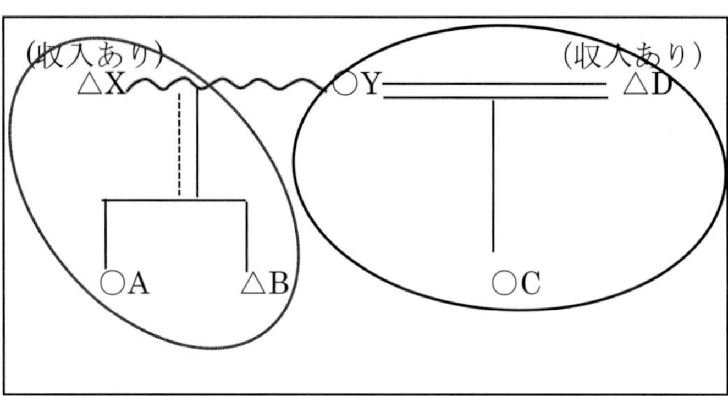

(説明)参考資料

・判例タイムズ 1208「婚姻費用の算定を巡る実務上の諸問題」(菱山・太田)p26

（１）相当収入ある再婚相手との子ができた場合の前婚の子の養育費を求める計算式（Q25）と同じ。配偶者 D が相当の収入を得ている場合には、認知した子 A･B の養育費の算定上これを考慮せず、子供たちだけが義務者 Y と同居したと仮定して計算する。この場合、子 C の生活費について配偶者 D も扶養義務を有していることから、その生活費指数を義務者 Y と配偶者 Dとの収入比によって按分する。（濱谷･中村）★再婚相手の収入が大きいことなどで、義務者の可処分所得が実際の計算上の基礎収入よりも相当多いとみられるような場合には、このことを勘案するのが公平で相当なこともあり得よう。(筆者私見)

（２）一般式(年額)

①認知した子 A･Bの生活費＝義務者 Y の基礎収入×認知した子 A・B の生活費指数÷（義務者 Y の生活費指数＋同居の子 C の按分した指数（※）＋認知した子 A･B の生活費指数）

（※）同居の子の按分した指数＝同居の子 C の生活費指数×義務者 Y の基礎収入/（義務者 Y の基礎収入＋配偶者 D の基礎収入）

②義務者 Y が分担する認知した子 A･B の養育費＝認知した子 A･B の生活費×義務者 Y の基礎収入÷（義務者 Y の基礎収入＋権利者 X の基礎収入）　　　　養育費月額=年額÷12

（３）具体的当てはめ

本件では X の基礎収入を 100 万円、Y の基礎収入を 250 万円、配偶者 D の基礎収入を 130 万円とする。親と子の生活費指数はそれぞれ 100、62(A･B)、85（C）。①②の計算式を本件に当てはめると、同居の子 C の按分した指数＝85×250÷（130＋250）≒55.9

②　認知した子 A･B の生活費＝250×（62＋62）÷（100＋55.9＋62＋62）≒110.8 万円

②義務者 Y が分担する認知した子 A･B の養育費＝110.8×250÷（100＋250）≒79.1 万円(年額）→79.1 万円÷12≒6.6 万円(月額)

X が Y に対して請求できる A･B の養育費は、月 6.6 万円となる。

以上

事例は特定を避けるため裁判例や実例を組み合わせて作成した。また解法は裁判例や諸論稿に基づくが、独自の解法は★表示とした。

Q27① 前婚の子がいる場合の後婚の子の養育費 - 理論値
（前婚・再婚とも妻に相当収入があるケース）（Q25・26と同じ）

（前提） Xは申立人、Yは相手方。Yは前妻Dとの間に子Aが生まれ、その後離婚。数年後Xと再婚し、B･C が生まれた。後妻XはB･Cを監護する。 XにもDにも相当額の収入がある。（A･B･Cはそれぞれ16歳、5歳、0歳の子とする。）XとYは再婚後しばらくして関係が悪化し現在離婚協議中。XがYに請求する B･C の養育費の計算式を求める。前婚の子Aの生活費指数をどう考えるか。

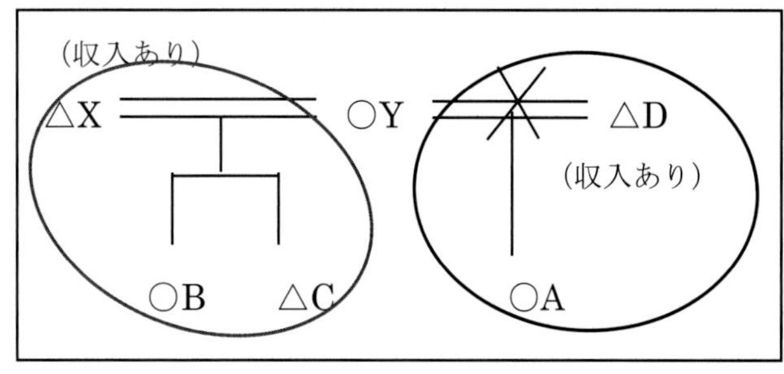

（説明）参考資料

・判例タイムズ1179号「養育費・婚姻費用算定の実務」（濱谷・中村）p39
・判例タイムズ1208「婚姻費用の算定を巡る実務上の諸問題」（菱山・太田）p27の手法の応用
・判例タイムズ1209「養育費・婚姻費用算定表の運用上の諸問題」（岡健太郎）p 7
・法曹時報H26.6「婚姻費用・養育費の調停・審判事件の実務」（松谷佳樹） p62
・前掲Q17 p 25（補論）「双方に扶養義務ある子を別々に監護する場合の計算式と一方に扶養義務のない子がある場合の生活費指数の考え方—Q13とQ17、Q18、Q19、Q27などの計算式の相違点の説明」

（１）「再婚相手が相当の収入を得ている場合には、養育費の算定上これを考慮せず、子供たちだけが義務者と同居したと仮定して計算する。この場合、再婚相手との子の生活費指数について再婚相手が扶養義務を有していることから、その生活費指数を義務者と再婚相手との収入比によって按分するべきである。（濱谷・中村）」(ただし濱谷・中村論稿ｐ39によると大阪家裁ではいずれの子も義務者の子として生活費の指数を変えない扱いが多いとある。)

（２）本件では再婚相手との間の子の養育費を求めるので、前婚の子の生活費を再婚相手は分担せず、義務者と前妻が分担するべきものとして、（前項の説明の再婚相手を前妻と読み替えて）前婚の子の生活費指数を前妻と義務者の基礎収入比によって按分して求める。(前妻や後妻の収入がない場合でも、婚姻費用の計算と異なり、同じ計算式であり、それぞれの基礎収入をゼロと入力することで足りる。)

（３）一般式(年額)

①後婚の子B･Cの生活費＝義務者Yの基礎収入×後婚の子B･Cの生活費指数÷（義務者Yの生活費指数＋前婚の子Aの按分した生活費指数（※）＋後婚の子B･Cの生活費指数）

（※）前婚の子Aの按分した生活費指数＝前婚の子Aの生活費指数×義務者Yの基礎収入÷（義務者Yの基礎収入＋前妻Dの基礎収入）

②義務者Ｙが分担する後婚の子Ｂ･Ｃの養育費＝後婚の子Ｂ･Ｃの生活費×義務者Ｙの基礎収入÷（義務者Ｙの基礎収入＋権利者Ｘの基礎収入）
養育費月額=年額÷12

（４）具体的当てはめ

本件では権利者＝後妻Ｘの基礎収入を 100 万円、前妻Ｄの基礎収入を 130 万円、義務者Ｙの基礎収入を 250 万円とする。親と子の生活費指数はそれぞれ 100、85(A)、62(B･C)とする。

前項の①②の計算式を本件に当てはめると、前婚の子Ａの按分した指数＝85×250÷（130＋250）≒55.9

後婚の子Ｂ･Ｃの生活費＝250×（62＋62）÷（100＋55.9＋62＋62）≒110.8 万円
義務者Ｙが分担する後婚の子Ｂ･Ｃの養育費＝110.8×250÷（100＋250）≒79.1 万円(年額)
→79.1 万円÷12≒6.6 万円(月額)
ＸがＹに対して請求できるＢ･Ｃの養育費は、月 6.6 万円となる。

以上

Q27②　前婚の子への養育費支払いある場合の後婚の子の養育費
（前婚・再婚とも妻に相当収入があるケース）

（前提）Ｘは申立人、Ｙは相手方。
Ｙは前妻Ｄとの間に子Ａが生まれ、その後離婚。数年後Ｘと再婚し、Ｂ･Ｃ が生まれた。後妻ＸはＢ･Ｃを監護する。Ｘにも Ｄにも相当額の収入がある。
（Ａ･Ｂ･Ｃはそれぞれ 16 歳、5 歳、0 歳の子とする。）ＸとＹは再婚後しばらくして関係が悪化し、現在離婚協議中。
ＸがＹに請求するＢ･Ｃの養育費の計算式を求める。Ｙは前婚の子Ａに５万円の養育費を支払っている。

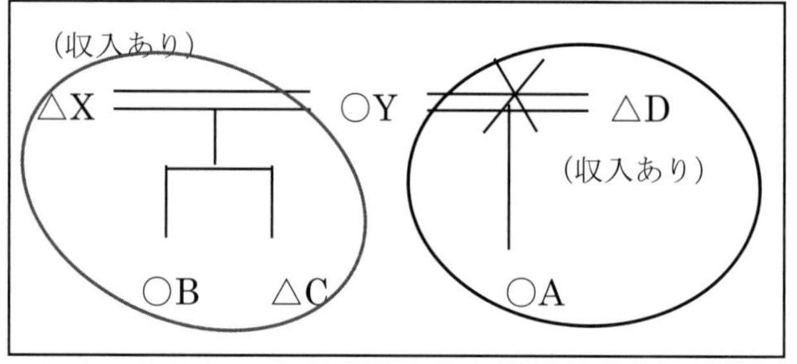

（説明）参考資料
・判例タイムズ 1179 号「養育費・婚姻費用算定の実務」（濱谷・中村）p39
・判例タイムズ 1208「婚姻費用の算定を巡る実務上の諸問題」（菱山・太田）p27 の手法の応用
・判例タイムズ 1209「養育費・婚姻費用算定表の運用上の諸問題」（岡健太郎）p 7
・法曹時報 H26. 6「婚姻費用・養育費の調停・審判事件の実務」（松谷佳樹）p62
・前掲 Q17 p 25（補論）「双方に扶養義務ある子を別々に監護する場合の計算式と一方に扶養義務のない子がある場合の生活費指数の考え方―Q13 と Q17、Q18、Q19、Q27 などの計算式の相違点の説明」

（１）「再婚相手が相当の収入を得ている場合には、養育費の算定上これを考慮せず、子供たちだけが義務者と同居したと仮定して計算する。この場合、再婚相手との子の生活費指数について再婚相手が扶養義務を有していることから、その生活費指数を義務者と再婚相手との収入比によって按分するべきである。（濱谷・中村）」(ただし濱谷・中村論稿ｐ39 によると大阪家裁ではいずれの子も義務者の子として生活費の指数を変えない扱いが多いとある。)

（２）本件では再婚相手との間の子の養育費を求めるので、前婚の子の生活費は義務者と前妻が分担するべきものであり、権利者に分担する義務はない。　★そこで養育費の計算上、前婚の子の養育費が支払われている場合にはその額を義務者の基礎収入から控除した額を義務者の修正基礎収入とする。（当研究会の考案による。新日本法規「婚姻費用・養育費の算定」（松本哲泓）p158 も同様の手法を紹介している。）

（３）一般式(年額)
①後婚の子Ｂ･Ｃの生活費＝義務者Ｙの修正基礎収入（※）×後婚の子Ｂ･Ｃの生活費指数÷（義務者Ｙの生活費指数＋後婚の子Ｂ･Ｃの生活費指数）
（※）義務者Ｙの修正基礎収入＝義務者の基礎収入から前婚の子への養育費を控除した額

②義務者Ｙが分担する後婚の子Ｂ･Ｃの養育費＝後婚の子Ｂ･Ｃの生活費×義務者Ｙの修正基礎収入÷（義務者Ｙの修正基礎収入＋権利者Ｘの基礎収入）
養育費月額=年額÷12

（４）具体的当てはめ
本件では権利者＝後妻Ｘの基礎収入を 100 万円、前妻Ｄの基礎収入を 130 万円、義務者Ｙの基礎収入を 250 万円とする。親と子の生活費指数はそれぞれ 100、85(A)、62(B･C)とする。

前項の①②の計算式を本件に当てはめると、義務者Ｙの修正基礎収入＝250-60＝190 万円
後婚の子Ｂ･Ｃの生活費＝190×（62＋62）÷（100＋62＋62）≒105.2 万円

義務者Ｙが分担する後婚の子Ｂ･Ｃの養育費＝105.2×190÷（100＋190）≒68.9 万円(年額)
→68.9 万円÷12≒5.7 万円(月額)
ＸがＹに対して請求できるＢ･Ｃの養育費は、月 5.7 万円となる。

以上

事例は特定を避けるため裁判例や実例を組み合わせて作成した。また解法は裁判例や諸論稿に基づくが、独自の解法は★表示とした。

Q28　前婚の子がいる場合の後婚の子の養育費
（前婚の子への養育費を減額できるか）

（前提）Ｘは申立人、Ｙは相手方。Ｙは前妻Ｄとの間に子Ａ・Ｂ・Ｃが生まれ、その後離婚。数年後Ｘと再婚し、Ｅが生まれた。ＤはＡ・Ｂ・Ｃを監護する。ＸにもＤにも相当額の収入がある。（Ａ・Ｂ・Ｃ・Ｅはそれぞれ21歳、16歳、10歳、5歳の子とする。）ＸとＹは再婚後しばらくして関係が悪化、離婚の話し合いが進んでいる。

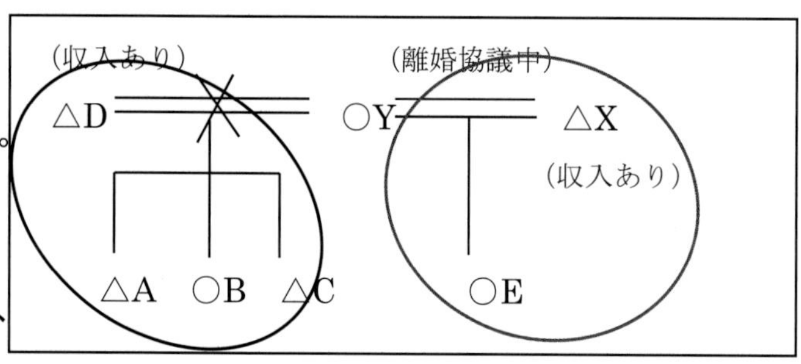

ＸがＹに請求するＥの養育費の計算式を求める。前婚の子Ｂ・Ｃの生活費指数をどう考えるか。Ｙは前婚の子Ｂ・Ｃに対して毎月10万円の養育費を支払っている。後婚の子Ｅの養育費を決めるに当たり前婚の子Ｂ・Ｃに払っている養育費をどのように考慮するべきか。

（説明）参考資料
・判例タイムズ1179「養育費・婚姻費用算定の実務」（濱谷・中村）p39
・判例タイムズ1208「婚姻費用の算定を巡る諸問題」（菱山・太田）p27の手法の応用。直接に下記の（２）を説明した個所はないので下記のように検討する。
・判例タイムズ1209「養育費・婚姻費用算定表の運用上の諸問題」（岡健太郎）p 7
・法曹時報H26.6「婚姻費用・養育費の調停・審判事件の実務」（松谷佳樹）p62

（１）「再婚相手が相当の収入を得ている場合には、養育費の算定上これを考慮せず、子供たちだけが義務者と同居したと仮定して計算する。この場合、再婚相手との子の生活費指数について再婚相手が扶養義務を有していることから、その生活費指数を義務者と再婚相手との収入比によって按分するべきである。（濱谷・中村）」(ただし濱谷・中村論稿ｐ39によると大阪家裁ではいずれの子も義務者の子として生活費の指数を変えない扱いが多いとある。)

（２）本件ではQ27同様に、再婚相手との間の子の養育費を求めるので、前婚の子の生活費を再婚相手は分担せず、前妻が分担するべきものとして、（前項の説明の再婚相手を前妻と読み替えて）前婚の子の生活費指数を前妻と義務者の基礎収入比によって按分して求める。(前妻や後妻の収入がない場合でも、婚姻費用の計算と異なり、同じ計算式であり、それぞれの基礎収入をゼロと入力することで足りる。)

（３）★義務者が前婚の子に対して、算定表の基準を大きく上回って養育費を支払っている場合、これをどう考慮するか。Ｅの養育費がＢ・Ｃに多く払われているためにしわ寄せを受けることはないか。私学学費を払っているなど特段の事情がない限り、通常の生活費指数をベースにＥの養育費を算定することが相当と思われる。そのうえで、Ｂ・Ｃに支払っている養育費の負担が重いということであれば、Ｂ・Ｃの養育費の減額を請求するか、その負担を甘受するかということになろう。（この項当研究会独自の見解である。）義務者が再婚し、Ｅが生まれた時点で事情変更を理由に養育費の減額を申し立てるべきであったケースともいえる。

（４）一般式(年額)

①後婚の子Ｅの生活費＝義務者Ｙの基礎収入×後婚の子Ｅの生活費指数÷（義務者Ｙの生活費指数＋前婚の子Ｂ･Ｃの按分した生活費指数（※注）＋後婚の子Ｅの生活費指数）

（※注）前婚の子Ｂ･Ｃの按分した生活費指数＝前婚の子Ｂ･Ｃの生活費指数×義務者Ｙの基礎収入÷（義務者Ｙの基礎収入＋前妻Ｄの基礎収入）

②義務者Ｙが分担する後婚の子Ｅの養育費＝後婚の子Ｅの生活費×義務者Ｙの基礎収入÷（義務者Ｙの基礎収入＋権利者Ｘの基礎収入）　　養育費月額=年額÷12

（５）具体的当てはめ

本件では後妻（権利者）Ｘの基礎収入を100万円、前妻Ｄの基礎収入を130万円、義務者Ｙの基礎収入を250万円とする。また親と子の生活費指数はそれぞれ100、85(B)、62(C･E)とする。

前項①②の計算式を本件に当てはめると、（※注）前婚の子 Ｂ･Ｃ の按分した指数＝（85＋62）×250÷（130＋250）≒96.7

①後婚の子Ｅの生活費＝250×62÷(100＋96.7＋62）≒59.9万円

②義務者Ｙが分担する後婚の子Ｅの養育費＝59.9×250÷（250＋100）≒42.8万円(年額)

→42.8万円÷12≒3.6万円(月額)

ＸがＹに対して請求できるＥの養育費は、月3.6万円となる。

（６）見方を変えて、Ｂ・Ｃへの養育費の実額で検討するとどうか。義務者Ｙの基礎収入を支払い養育費で修正するとＥの養育費は250－10×12＝130万円。130×62÷（100+62）×130÷（100+130）≒28.1万円(年額)→28.1万円÷12≒2.3万円 となる。(Ｑ27②の計算手法参照。)

（7）Ｂ･Ｃの養育費を減額できるか。

Ｂ･Ｃが受け取るべき養育費を、前項のＥの生活費を求める計算式を使って求めると、250×96.7÷（100＋96.7＋62）≒93.4万円(年額) →93.4万円÷12≒7.8万円(月額) すでに前婚の妻Ｄとは生活費指数按分済みなので、再按分は不要である。

また、上記（４）の計算式で逆にＢ･Ｃの養育費を求めて検証すると、一般式では、後婚の子Ｅの生活費指数は62×250÷(250＋100）≒44.3なので、 前婚の子Ｂ･Ｃらの生活費は250×(62+85)÷(100＋85＋62＋44.3)＝126.2万円。 これをＤの基礎収入と按分すると126.2×250÷（250+130）≒83.0万円→83.0万円÷12≒6.9万円(月額)

上記の計算式では、月額にして9千円の相違が生じている。また(6)での試算でもＥの生活費指数がＢ・Ｃより低いことを考慮しても、Ｂ・Ｃへの養育費が相対的に多くなっている。いずれにしても現在Ｂ･Ｃに対して払っている養育費月額10万円は減額請求されてもやむを得ない水準ということができる。

以上

事例は特定を避けるため裁判例や実例を組み合わせて作成した。また解法は裁判例や諸論稿に基づくが、独自の解法は★表示とした。

Q29　前婚の子への養育費減額請求
(事情変更が認められる場合、再婚相手の所得はどう影響するか)

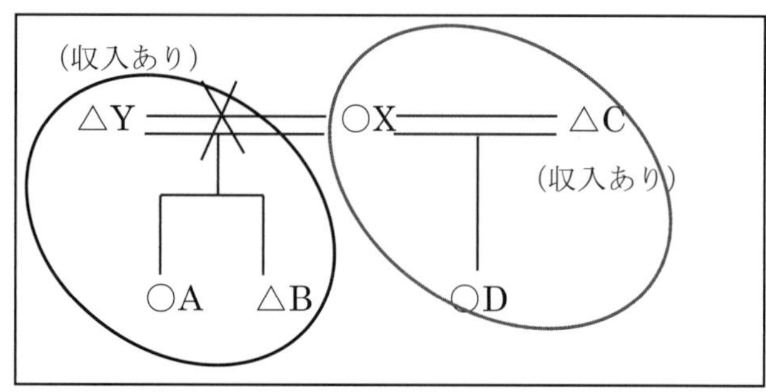

（前提） Xは申立人、Yは相手方。Xは前妻Yとの間に子A・Bが生まれ、その後離婚。数年後Cと再婚し、Dが生まれた。前妻YはA・Bを監護する。YにもCにも相当額の収入がある。（A・B・Dはそれぞれ10歳、5歳、0歳の子とする。）XはYにA・Bの養育費として、月額9万円の養育費を支払っている。XはCと再婚し、子が生まれたこと、Yが離婚時点では就労してなかったが、現時点では相当額の収入を得ていることから、Yに対して養育費5万円の減額を求めた。Xの事情変更が認められるとして、Yに請求するA・Bの養育費の減額の計算式を求める。後妻Cが高額所得者である場合と無収入の場合でどう変わるか。

（説明）参考資料
- 判例タイムズ1179号「養育費・婚姻費用算定の実務」（濱谷・中村）p39
- 判例タイムズ1209「養育費・婚姻費用算定表の運用上の諸問題」（岡健太郎）p 7
- 法曹時報H26.6「婚姻費用・養育費の調停・審判事件の実務」（松谷佳樹） p62、 p 61
- 判例タイムズ1208「婚姻費用の算定を巡る諸問題」（菱山・太田)p27の手法の応用
- 前掲Q17 p 25（補論）「双方に扶養義務ある子を別々に監護する場合の計算式と一方に扶養義務のない子がある場合の生活費指数の考え方―Q13とQ17、Q18、Q19、Q27などの計算式の相違点の説明」

（１）「再婚相手が相当の収入を得ている場合には、養育費の算定上これを考慮せず、子供たちだけが義務者と同居したと仮定して計算する。この場合、再婚相手との子の生活費指数について再婚相手も扶養義務を有していることから、その生活費指数を義務者と再婚相手との収入比によって按分するべきである。（濱谷・中村）」(ただし濱谷・中村論稿p 39によると大阪家裁ではいずれの子も義務者の子として生活費の指数を変えない扱いが多いとある。)

（２）本件では前婚の子の養育費を減額する計算式を求める。後婚の子の生活費を前妻は分担せず、再婚相手が義務者と分担するべきものとして、後婚の子の生活費指数を再婚相手と義務者の基礎収入比によって按分して求める。

（３）一般式(年額)

①前婚の子A・Bの生活費＝義務者Xの基礎収入×前婚の子A・Bの生活費指数÷（義務者Xの生活費指数＋後婚の子Dの按分した生活費指数（※注）＋前婚の子A・Bの生活費指数）

（※注）後婚の子Dの按分した生活費指数＝後婚の子Dの生活費指数×義務者Xの基礎収入÷（義務者Xの基礎収入＋再婚相手Cの基礎収入）

②義務者Xが分担する前婚の子A・Bの養育費＝前婚の子A・Bの生活費×義務者Xの基礎収入÷（義務者Xの基礎収入＋権利者Yの基礎収入）　　養育費月額=年額÷12

（4）具体的当てはめ

本件では再婚相手Cの基礎収入を300万円、前妻＝権利者Yの基礎収入を150万円、義務者Xの基礎収入を200万円とする。親と子の生活費指数はそれぞれ100、62(A・B・D)とする。

前項の①②の計算式を本件に当てはめると、後婚の子Dの按分した指数＝62×200÷（200＋300）≒24.8
①前婚の子A・Bの生活費＝200×（62＋62）÷(100＋24.8＋62＋62）≒99.7万円

②義務者Xが分担する前婚の子A・Bの養育費＝99.7×200÷(150＋200)≒57.0万円(年額)
→57.0万円÷12≒4.7万円(月額)
義務者XがA・Bのために現在支払っている養育費は9万円である。Yに対して減額請求できるA・Bの養育費は、9 −4.7＝ 4 .3万円となる。

（5）検証
①前婚の離婚時に、決めた養育費はYに収入がなかったことから（当時の生活費指数で計算する）
義務者Xの基礎収入200×子の指数（55+55）÷（親子の生活費指数100+55+55）＝104万円→104万円÷12≒8.7万円(月額)→9万円なので相当であったといえる。

②現在もYが就労していないとどうか。パートタイマーとして収入認定して基礎収入40万円とすると、①の結果を基礎収入比で按分することになる。
8.7万円×200÷（200+40）≒7.3万円(月額)→前項と比較すると就労による減額要因が大きいといえる。

③また、再婚相手に子ができたが収入がない、権利者Yにも収入がないとした場合は、義務者Xの扶養対象には再婚相手も含まれるので、前婚の子A・Bの生活費を求めるには、義務者の基礎収入200×(62＋62)÷（100＋62＋62＋62＋62）≒71.3万円→71.3万円÷12≒5.9万円(月額)となる。

④権利者Yに基礎収入(150万円)がある場合には前項の数字を基礎収入比で按分することになる。
5.9万円×200÷(200+150)≒3.4万円(月額)となる。

以上

事例は特定を避けるため裁判例や実例を組み合わせて作成した。また解法は裁判例や諸論稿に基づくが、独自の解法は★表示とした。

Q30　双方に前婚の子(連れ子)がいる場合の後婚の子の養育費 (前婚・再婚とも妻に相当収入があるケース)（Q27、Q28 の変型)

(前提) Xは申立人、Yは相手方。Yは前妻Dとの間に子B・Cが生まれ、その後離婚。数年後Xと再婚し、Aが生まれた。Fは後妻Xの連れ子で、XがAとともに監護する。XにもDにも相当額の収入がある。(A・B・C・Fはそれぞれ6歳、16歳、10歳、18歳の子とする。)
XとYは再婚後しばらくして関係が悪化、離婚の話し合いが進んでいる。XがYに請求する**Aの養育費の計算式**を求める。Yは B・C の養育費を月 6 万円支払っている。連れ子 F の生活費とXの基礎収入との関係をどう考えるか。連れ子Fの実親から養育費は支払われていないものとする。

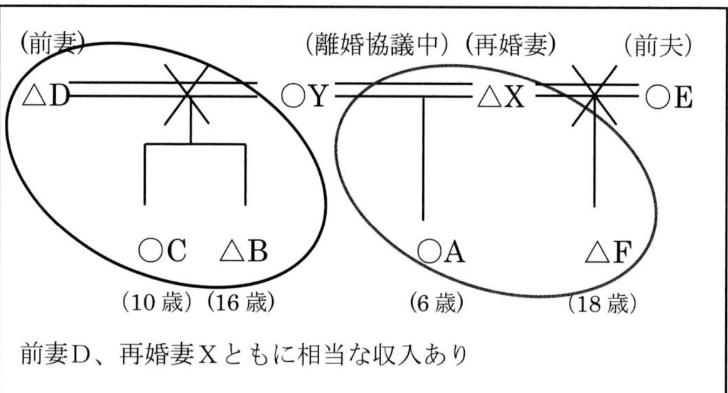

(説明)参考資料
- 判例タイムズ 1179 号「養育費・婚姻費用算定の実務」(濱谷・中村)p39
- 判例タイムズ 1209「養育費・婚姻費用算定表の運用上の諸問題」(岡健太郎)p7
- 法曹時報 H26.6「婚姻費用・養育費の調停・審判事件の実務」(松谷佳樹) p62
- 判例タイムズ 1208「婚姻費用の算定を巡る諸問題」(菱山・太田)p27 の手法の応用。直接に下記の（2）を説明した個所はないので下記のように検討する。
- 前掲 Q17 p 25 (補論)「双方に扶養義務ある子を別々に監護する場合の計算式と一方に扶養義務のない子がある場合の生活費指数の考え方—Q13 と Q17、Q18、Q19、Q27 などの計算式の相違点の説明」

（1）「再婚相手が相当の収入を得ている場合には、養育費の算定上これを考慮せず、子供たちだけが義務者と同居したと仮定して計算する。この場合、再婚相手との子の生活費指数について再婚相手も扶養義務を有していることから、その生活費指数を義務者と再婚相手との収入比によって按分するべきである。（濱谷・中村）」(ただし濱谷・中村論稿ｐ39 によると大阪家裁ではいずれの子も義務者の子として生活費の指数を変えない扱いが多いとある。)

（2）本件では Q27 同様に、再婚相手との間の子の養育費を求めるので、前婚の子の生活費は義務者と前妻が分担するべきものであり、権利者に分担する義務はない。 ★そこで養育費の計算上、前婚の子の養育費が支払われている場合にはその額を義務者の基礎収入から控除した額を義務者の修正基礎収入とする。(当研究会の考案による。新日本法規「婚姻費用・養育費の算定」（松本哲泓） p158 も同様の手法を紹介している。)

（3）★また、連れ子の生活費は養子縁組をしていないので義務者に扶養義務はない。権利者に扶養義務があるので、権利者の基礎収入は義務者に扶養義務のない連れ子の生活費を控除して修正を加える。(当研究会の考案による。)

（４）一般式(年額)

①後婚の子Ａの生活費＝義務者Ｙの修正基礎収入(※注１)×後婚の子Ａの生活費指数÷（義務者Ｙの生活費指数＋後婚の子Ａの生活費指数）

(※注１)義務者Ｙの修正基礎収入＝義務者の基礎収入から前婚の子への養育費を控除した額

②義務者Ｙが分担する後婚の子Ａの養育費＝後婚の子Ａの生活費×義務者Ｙの修正基礎収入÷（義務者Ｙの修正基礎収入＋権利者Ｘの修正基礎収入(※注２))

(※注２) 権利者Ｘの修正基礎収入は義務者に扶養義務のない連れ子Ｆの生活費を控除して修正を加えなければならない。（Ｑ１９①(5)参照）

権利者の修正基礎収入＝権利者の基礎収入－義務者に扶養義務のない子の生活費のうち権利者が分担するべき額＝権利者の基礎収入×（１－権利者の監護する連れ子の修正生活費指数÷権利者・義務者と子全員の生活費指数）

（連れ子の非監護親に収入ある場合には、その親と権利者または義務者との間で子の生活費を分担するので、権利者または義務者の基礎収入からその生活費相当額を控除するか、子の生活費指数を修正する。）連れ子の修正生活費指数の求め方はQ17 補論（双方に扶養義務ある子を別々に監護する場合の計算式と一方に扶養義務のない子がある場合の生活費指数の考え方）の(5)参照のこと。

（５）具体的当てはめ

本件では後妻（権利者）Ｘの基礎収入を100万円、前妻Ｄの基礎収入を130万円、義務者Ｙの基礎収入を250万円とする。親と子の生活費指数はそれぞれ100、85(B・F)、62(A・C)とする。

前項①②の計算式を本件に当てはめると、義務者Ｙの修正基礎収入＝義務者の基礎収入から前婚の子への養育費を控除した額なので250－6×12＝178万円となる。これにより、

①後婚の子Ａの生活費＝178×62÷（100＋62）≒68.1万円

②義務者Ｙが分担する後婚の子Ａの養育費＝68.1×178÷（178＋(※注)75.5）≒47.8万円(年額) →47.8万円÷12≒4.0万円(月額)

(※注)権利者の修正基礎収入＝100×（1－85÷(100+85＋62+100)）≒75.5万円

権利者はＦの父親から養育費を受け取っていないため、85の生活指数をそのまま当てはめる。

ＸがＹに対して請求できるＡの養育費は、月4.0万円となる。

以上

事例は特定を避けるため裁判例や実例を組み合わせて作成した。また解法は裁判例や諸論稿に基づくが、独自の解法は★表示とした。

Q31　双方に婚外子がいる場合の嫡出子の養育費（Q30 の変型）

（前提）Ｘは申立人、Yは相手方。
Ｘ、Yは離婚後それぞれＦ、Ｄと交際し、Ｅ、Ｃが生まれた。ＸはＡ・Ｂ・Ｅを監護するが、Ｆ は Ｅ を認知していない。Yは Ｃ・Ｄ と同居し、Ｃ を認知した。Ｘに収入あるが、Ｄ に収入はない。**Ａ・Ｂ の養育費**はどのように算定されるか。（Ａ・Ｂ・Ｃ・Ｅはすべて 14 歳以下の子とする。）

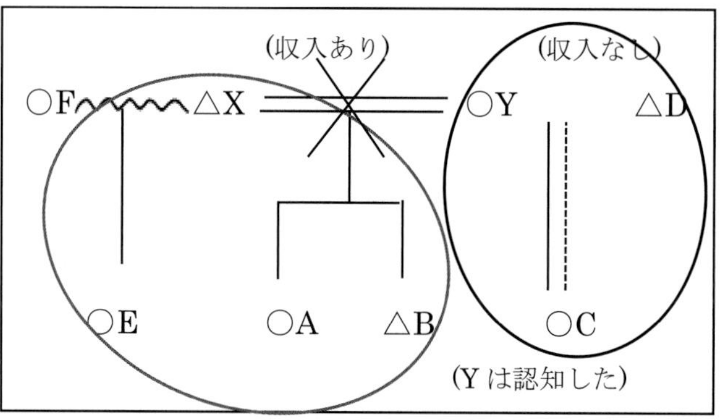

（説明）参考資料

・判例タイムズ 1208「婚姻費用の算定を巡る実務上の諸問題」（菱山・太田）p26 からの応用。直接に説明した個所はないので下記のように検討する。
・前掲 Q17 p 25（補論）「双方に扶養義務ある子を別々に監護する場合の計算式と一方に扶養義務のない子がある場合の生活費指数の考え方―Q13 と Q17、Q18、Q19、Q27 などの計算式の相違点の説明」

（１）義務者の基礎収入から婚外子(C)と前婚の子ら(A・B)全員を義務者が同居監護するものとして子ら(A・B)の生活費を求め、これを義務者と権利者の基礎収入の割合で按分する。★この際に権利者の基礎収入は義務者に扶養義務のない婚外子の生活費を控除して修正を加える。義務者の基礎収入も同様の修正を行う。また義務者の婚外子については、そのもう一人の親に収入がある場合には生活費指数を義務者との間で按分する必要がある。（基礎収入を修正するアイデアは当研究会考案による。他の事例でもこの手法を採用しているものがある。）

（２）一般式(年額)

①義務者の修正基礎収入＝義務者の基礎収入―権利者に扶養義務のない子の生活費のうち義務者が分担するべき額＝義務者の基礎収入×｛（１－義務者の監護する連れ子の修正生活費指数÷（義務者・権利者と子全員の生活費指数）｝

②義務者の（婚外子除く）子Ａ・Ｂらの生活費＝義務者Ｙの修正基礎収入×義務者の嫡出子全員の生活費指数÷（義務者・子供全員の生活費指数）（婚外子の一方の親に収入ある場合には、義務者との間で婚外子の生活費指数を按分する。）

③義務者が分担するべき（婚外子除く）子Ａ・Ｂの生活費の額＝（婚外子除く）子Ａ・Ｂの生活費×義務者の修正基礎収入÷(義務者の修正基礎収入＋権利者の修正基礎収入（※注)）＝権利者が監護する義務者との間の子の養育費　　養育費月額=年額÷12

（※注）権利者の修正基礎収入＝権利者の基礎収入―権利者が監護するが義務者に扶養義務のない子の生活費の額＝権利者の基礎収入×（１－権利者の監護する婚外子の生活費指数÷権利者・義務者と子全員の生活費指数）

（連れ子や婚外子の一方の親に収入ある場合には、その親と権利者または義務者との間で子の生活費を分担するので、権利者または義務者の基礎収入からその生活費相当額を控除するべきである。その際の基礎収入の修正に当っては、最早協力関係のない権利者・義務者であるが、それぞれの生活費指数を分母に入れて修正基礎収入を求める。本件では権利者の婚外子は認知されていないので子の生活費指数を修正しないで権利者の基礎収入からその生活費相当分を全額控除する。

義務者の監護する連れ子の修正生活費指数や権利者の監護する婚外子の生活費指数の求め方はQ17 補論（双方に扶養義務ある子を別々に監護する場合の計算式と一方に扶養義務のない子がある場合の生活費指数の考え方）の(5)参照のこと。）

（３）具体的当てはめ

本件ではＸの基礎収入を 100 万円、Ｙの基礎収入を 250 万円とする。子の生活費指数はそれぞれ62とする。①の計算式を本件に当てはめると(Ｄは無収入なので婚外子Ｃの生活費指数按分を考慮しない。)

①義務者の修正基礎収入＝250×（1－62÷（100+62+62+62+100））≒209.8 万円

権利者Ｘの修正基礎収入＝100×（1－62÷（100＋62＋62＋62+100））≒83.9 万円

②義務者の（婚外子除く）子Ａ・Ｂらの生活費＝209.8×(62+62)÷(100+62+62)＝116.1 万円

③義務者Ｙが分担するべき子Ａ･Ｂの生活費の額（権利者が監護する義務者との間の子の養育費）
＝116.1×209.8÷（83.9+209.8）≒82.9 万円　　月額にすると 82.9÷12≒6.9 万円

ＸがＹに対して請求できる子Ａ・Ｂの養育費の月額は 6.9 万円となる。

以上

Q32　15 歳からの養育費増額の事例

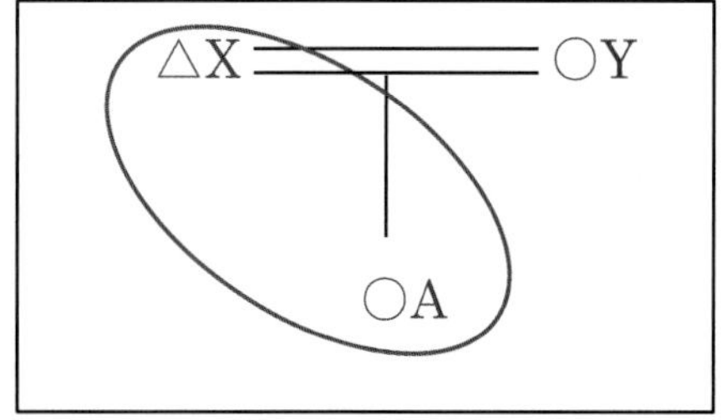

（前提）ＸとＹは別居しており、離婚協議中である。
Ｘは A を監護している。Ｘは当初離婚を拒否したが、その後財産分与と養育費で十分なものがもらえるならと応じることになった。扶養的財産分与・慰謝料と養育費が問題となった。（子 A は 9 歳。15 歳まで 65 か月、以後 22 歳まで 85 か月で計 150 か月）

（説明）

（１）Ｙは年収 1,100 万円であるが、資産は社内預金だけで、現時点で一括して支払える資金がない。Ｘは別居の精神ストレスでパニック障碍を患い、仕事ができる状況にはない。したがってＸは離婚に当り、十分な手当てを要求した。

（２）Ｙは解決金（扶養的財産分与と慰謝料）を分割払い月８万円で 50 回計 400 万円、養育費月 12 万円（当時の算定表上限）を 150 か月計 1,800 万円の合計 2,200 万円を提案した。それに対し、X は解決金を分割払い月 8 万円で 75 回計 600 万円、養育費月 16 万円を 150 か月計 2,400 万円の合計 3,000 万円を要求した。

（3）調停委員から、妥協点を探るべく双方に検討を促した。その結果、
解決金月 8 万円 50 回払いで 400 万円、養育費は月 12 万円（当時の算定表上限）を 15 歳になるまで 65 か月 780 万円、22 歳まで月 16 万円（同上限）85 か月の 1,360 万円。養育費合計 2,140 万円、全体で 2,540 万円とすることで合意した。

（4）Y にとってのメリットは、毎月の支払いが最大 20 万円で抑えられ、子が 15 歳になれば増額となるが、解決金の分割払いはすでに完済しているので、負担にはならない。15 歳以後に事情変更などで増額を求められても、一部すでに対応済み（生活費指数の 55 から 90(生活費指数はいずれも当時)への増加分）ということができる。 また、X にとってのメリットは、トータルで考えれば養育費+解決金で要求額に近い水準を達成できること、子供が成人するまでの毎月の受取額をほぼ平準化（1 年 3 か月間は 12 万円となるが）できることである。算定表の構造をうまく利用して、合意を目指す方法といえるのではないか。

以上

Q33　成年年齢引き下げと子の生活費指数、大学の学費

(前提) Xは申立人、Yは相手方。X、Yは別居しており、Xは A･B と同居している。XがYに婚姻費用を請求するに当たり、成年に達した子の生活費指数をどう考えるか、また学費はどう分担するか。(子 A･B は 20 歳、16 歳とする。)

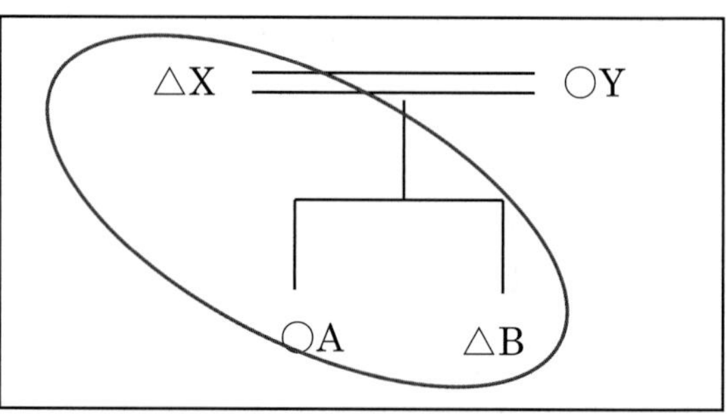

(説明)参考資料
・判例タイムズ 1208「婚姻費用の算定を巡る実務上の諸問題」（菱山・太田） p 26
・家裁月報 62 巻 11 号「婚姻費用分担事件の審理―手続きと裁判例の検討」（松本哲泓） p 74
・「養育費，婚姻費用の算定に関する実証的研究」（司法研修所編） p51

（1）「成年に達した子は原則として未成熟子（自己の資産又は労力で生活する能力がないもの）ではないが、自分で生活費を得ることができないものを未成熟子として扱う。」（菱山・太田、以下括弧内引用も同じ）心身に障害があり働けない、就学中で働けないなどの例。
「成年に達した子を未成年の子と同様に取り扱うのは妥当でなく修正を加える必要がある。」
「修正方法として、指数で調整する方法（たとえば 50）や、指数を 85 として算定したうえで、賃金センサスで算定される平均的なパートタイマー労働者の賃金相当額程度（現実にアルバイト等をして得ている場合には現実の収入）を控除する方法などがある。」

（２）「大学への入学を義務者が承諾していなかった場合、大学の学費を義務者に負担させないこともある。尤も上記承諾がない場合でも、義務者の収入、資産状況、学歴等から推定的承諾が認められる場合もある。」「在学が４年を超える学費や、海外留学の分まで負担が認められるのは義務者の収入が特別に多額である場合に限定されよう。」

（３）松本論稿でも大学の学費について大学卒業まで未成熟子として扱う点は肯定的であるが、具体的にどのように分担するか、その方法については明らかではない。

この点に関しては、①父母それぞれの基礎収入に応じて超過教育関係費(公立学校の学校教育費平均額を超える学校教育費)を負担するものとして養育費を算定する、②父母が超過教育関係費を２分の１ずつ負担するものとして養育費を算定する、③子も(奨学金やアルバイトなどで一筆者)超過教育関係費の一部を負担するものとして養育費を算定する、④大学教育費については、学費は全額子が負担するものとして養育費を算定するなどの見解がある。（加除出版「家庭の法と裁判」No６/2016.7p71 裁判例解説）

（４）（裁判例）東京高裁決定平成 22.7.30(家裁月報 63 巻２号ｐ145)
「一般に、成年に達した子は、その心身の状況に格別の問題がない限り、自助を旨として自活すべきものであり、また、成年に達した子に対する親の扶養義務は、生活扶助義務にとどまるものであって、生活扶助義務としてはもとより、生活保持義務としても、親が成年に達した子が受ける大学教育のための費用を負担するべきであるとは直ちに言い難い。」

（５）なお、令和４年４月に成年年齢が 18 歳に引き下げられるが、「養育費,婚姻費用の算定に関する実証的研究」p51 では以下の通り解説している。
・既に成立している調停等において，養育費の終期が「成年に達した時」とされた「成年」の意義は基本的に 20 歳と解すべきである。
・成年年齢引き下げは、既に 20 歳と決められた終期を 18 歳に引き下げる変更事由にならない。
・養育費の支払義務の終期は，未成熟子を脱する時期であって、個別事案によって認定判断される。
・未成熟子を脱する時期が特定して認定されない事案では、その時期は 20 歳とされ、養育費の支払義務の終期と判断される。
・今後成立する調停等では，「成年に達した時」との表現では疑義が生じるので，「20 歳に達した時」などと具体的な年齢を記載すべきである。
・婚姻費用も子が１８歳に達したことは直ちに減額事由とはならない。

以上

事例は特定を避けるため裁判例や実例を組み合わせて作成した。また解法は裁判例や諸論稿に基づくが、独自の解法は★表示とした。

Q40　認知した子の養育費の支払い始期(裁判例紹介)

(前提)　Xは申立人、Yは相手方。XはYの交際相手で子Aが生まれ、Yは認知した。YはCとの間に子Bがいる。
Xは A を監護する。Xに収入あり、Cにも相当額の収入がある。
(A・B はそれぞれ2歳、15 歳の子とする。)
A への養育費の支払い始期はいつか。
(下記の例とは異なる。)

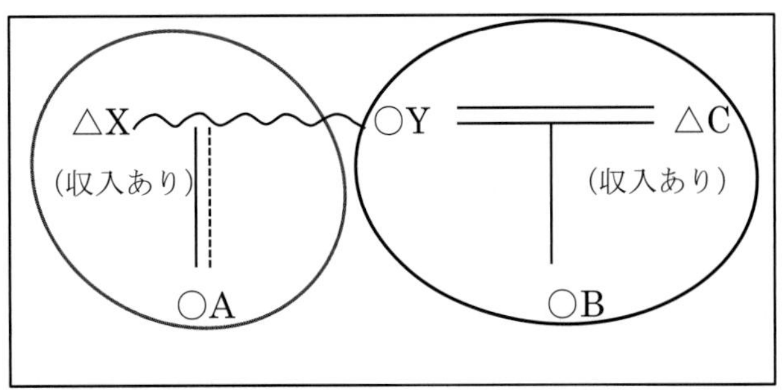

(説明)参考資料　平成 16 年 5 月 19 日大阪高裁決定の紹介（家裁月報 57 巻 8 号 p 86）

（1）認知子の養育費支払の始期を、通常の養育費事件のように、申立時とすると、認知後（戸籍謄本の提出で証明）でないと養育費事件の申立自体を受け付けて貰えない申立権者に不公平な結果となる。（訴訟事件と非訟事件との手続構造の差を理解することが重要。）

通常の養育費事件では、監護親は非監護親に対して子の養育費（監護費用）の請求権を当然に保有しているのに、申立前は自らの責任で養育費を請求しなかっただけで、養育費の支払がなくても子の監護はできたものと見做されるために、離婚時等ではなく申立時に始期が遡及することが原則とされている。養育費請求権があるのにそれを行使しない者は、「権利の上に眠る」者として、法的救済の対象とならないという法理から導き出されたものと考えることもできよう。

しかし、認知子の場合は、子が非監護親に認知されその身分関係が確定した後に、始めて養育費の請求権が発生するので、少なくとも、身分関係を確定する 277 条審判手続・訴訟手続に要する時間を請求権者である監護親の不利に扱うのは、信義と公正に反するのは明らかであろう。

（2）平成 16 年 5 月 19 日大阪高裁決定は、原審が養育費支払を認知申立・提訴時に遡及するとしたのを破棄し、認知の身分効果は出生時に遡及する（民 784 条）ので、養育費支払も出生時に遡及するとしたものである。調停でも、子の福祉を考慮して、出生時に遡及させるのを原則としながら、監護親が認知を事実上求めた時期、認知を請求できなかった事情、認知を請求しないという約束の有無・内容等を総合的に勘案して当事者の合意を得るべきであろう。

（3）尚、訴訟事件とは、権利義務の有無・身分関係の存否を決定するものされ、非訟事件とは権利義務の具体的内容を定めるものとされている。
認知の 277 条審判も、事件の内容自体は身分関係の存否を決める訴訟事件そのもの（簡易な人事訴訟と呼ぶ裁判官もいる）であり、養育費審判は、親子という身分関係から発生する養育費支払の権利義務の具体的内容を定める非訟事件である。（離婚と認知という身分関係の確定から、養育費請求権が発生する。離婚の場合は、財産分与・年金分割請求権も。）

（4）（審判事件の経緯）
平成 13 年 12 月 10 日出産
平成 15 年 3 月 21 日 23 条審判で認知確定
平成 15 年 4 月 2 日認知の戸籍届出

平成 15 年 4 月 19 日養育費分担の調停申し立て
平成 15 年 11 月 11 日不成立。審判移行
平成 15 年 12 月 4 日審判で「(母親が認知を求めた) 平成 14 年 6 月分以降の分担額を定めるのが相当である」とし、月額２万円の分担を命じた。母親は即時抗告。「収入資料が信用できないもので、これに基づく審判の認定額は少なすぎる。」

高裁の判断（平成 16 年 5 月 19 日）は「養育費の始期について事実経過に照らして、その出生時に遡って分担額を定めるのが相当である。原審判は、平成 14 年 6 月を始期としたが、未成年者の認知審判確定前に、母親が父親に未成年者の養育費の支払いを求める法律上の根拠はなかったのであるから、上記請求時を以て分担の始期とすることに合理的な根拠があるとは考えられない。本件のように、幼児について認知審判が確定し、その確定の直後に養育費分担調停の申し立てがされた場合には、民法 784 条の認知の遡及効の規定に従い、認知された幼児の出生時に遡って分担額を定めるのが相当である。」

養育費の額は平成 13 年 12 月分以降月 45,000 円、平成 13 年 12 月から平成 16 年 4 月までの分担額計 130 万 5 千円、平成 16 年 5 月から成年に達する月まで月 45,000 円と決めた。

以上

Q41　調停条項と懈怠約款（過怠約款）第三者からの情報取得手続

（１）懈怠約款

懈怠約款とは、通常、支払うべき一定金額をある期間にわたって分割して支払う契約をした時、この支払いを怠った場合のことを予め定めておく条項のことである。

条項例としては「分割金の支払いを怠り、それが○回○○円に達した場合には、当然に期限の利益を失い、残金を直ちに支払う。」等と定めることが一般的である。この後に「また支払い済みまでの金利を年○%の割合により支払う。」等と遅延損害金について記すこともある。

（２）家事事件における懈怠約款

家事事件における上記のような分割支払いの例としては、「解決金」「慰謝料」「財産分与」「遺産分割における代償金」などがある。これらはいずれも支払うべき総額が確定しているので、懈怠約款を付けることが可能である。

（３）婚姻費用・養育費と懈怠約款

一方、婚姻費用、養育費については、懈怠約款を付けることが出来るという説もあるが、家裁の実務では消極的である。その理由は、婚姻費用や養育費は子どもを実際に監護するために必要な費用として、その時々に発生するものであること、父母の収入状況や生活状況の変化によって、支払い義務が変更、消滅する可能性を内包しているものであることなどから、懈怠約款にはなじまないと考えられるからである。養育費の支払いについては、将来の分の差し押さえが可能となった。また間接強制もできるようになっており、このような不便は解消されているといえよう。（**民事法研究会「夫婦関係調停条項マニュアル第 4 版」（小磯治） p 42～43**）又、「養育費は、定期金としての本質上、毎月ごとに具体的な養育費支払請求権が発生するものであって、期限の利益喪失約定に親しまない性質のものである。」とした確定した審判例（東京家平成 18.6.29 審判 <家月 59.1.103> ）もある。

ただし、婚姻費用や養育費の未払い分（確定債権となったもの）を分割して支払う場合には、懈怠約款を付けることは可能である。

（4）婚姻費用、養育費の不払いが発生したら

調停条項に記載した婚姻費用や養育費の支払いについて確実な履行を懸念する権利者もいる。そのような場合には調停委員は以下のように説明することが考えられる。

本来これらは不法行為の損害賠償金の支払いではないので、自発的に支払われるのが望ましく、支払者の気分を害することは余り得策ではない。しかし、不払いが発生したら以下の順序で履行を求める。

①先ず、義務者に連絡して督促する。

②それでも不払いなら、内容証明郵便で支払いを要求する。

③それでもダメなら、家庭裁判所に「履行勧告」の申立てをする。

④それでもダメなら、地方裁判所の強制執行担当係に申し立てて「強制執行」を行う。

（5）令和元年 5 月**民事執行法改正**により「**第三者からの情報取得手続**」の制度が新設され、養育費の取り立てが容易になる。裁判所の照会により調停・審判・判決・公正証書などで養育費を決めた債権者は、

★金融機関から，①預貯金債権や②上場株式，国債等に関する情報を取得
（銀行，信金，労金，信組，農協，証券会社等）【新民執法 207 条】

★登記所から，③土地・建物に関する情報を取得【新民執法 205 条】

★市町村，日本年金機構等から，④給与債権（勤務先）に関する情報を取得【新民執法 206 条】できるようになる。①②④が令和 2 年 4 月に、③は令和 3 年 4 月に施行された。

以上

Q42　海外に権利者・子がいる場合の婚姻費用・養育費

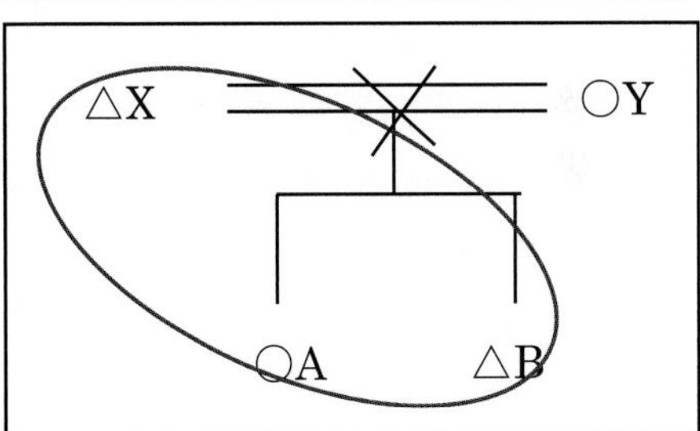

（前提）Xは申立人、Yは相手方。X、Yは離婚し、XはA・Bとともに海外に居住監護している。A・Bの養育費を日本国内に居住するものとして請求することができるか。（子A・Bは 17 歳、16 歳とする。）

（説明）参考資料
・判例タイムズ 1208「婚姻費用の算定を巡る実務上の諸問題」（菱山・太田） p 29

「関係者が日本国内で生活している限り、基本的には標準算定表が適用される。ただし、当事者が国外に生活の本拠を置いている場合には、別途、生活の実情を考慮する必要がある。

その場合には資料の収集等に困難を伴うケースが多いと思われ、世界各国の物価水準を調査した統計資料を利用することも考えられる。また当事者が年間を通じて国外と国内を行き来し、それぞれに生活の本拠を設けている場合には、その割合に応じて分担額を算定することになると思われる。」

物価の安いタイにいる場合で、生活費指数を 55(旧)あるいは 90(旧)の半分とした例もある。（大阪高裁平成 18.7.31 家裁月報 59 巻 6 号 44 ページ）

以上

事例は特定を避けるため裁判例や実例を組み合わせて作成した。また解法は裁判例や諸論稿に基づくが、独自の解法は★表示とした。

Q43　調停・審判・人事訴訟の管轄

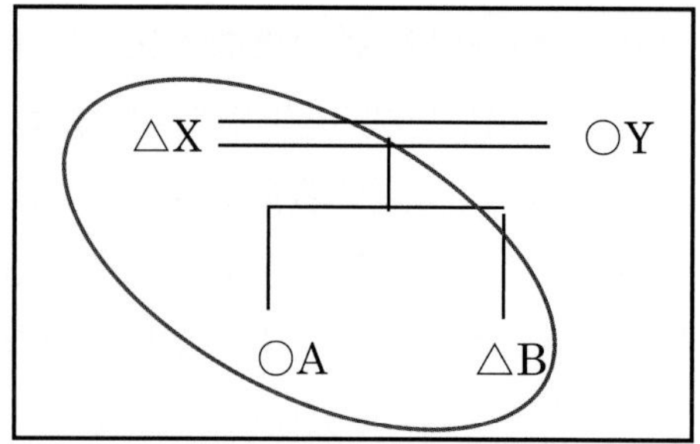

（前提）Ｘは申立人、Ｙは相手方。Ｘ、Ｙは別居しており、ＸはA・Bを監護している。

○婚姻費用を請求する際、どこに申し立てるのか。
○審判の管轄はどこか。
○離婚はまずどこに申し立てるのか。
○訴訟の場合の管轄はどこか。
○YがA・Bらとの面会交流を申し立てる際の管轄はどこか
○Yが死亡して相続開始した時、Aはどこに遺産分割の調停申し立てを行うか。
○その場合審判の管轄はどこか。

（説明）

（１） 調停：相手方の住所地＋合意管轄

（本庁と支部の区分は東京家裁の内部的なもので（司法行政的？）立川も練馬もどちらも東京家裁の管轄であることは変わらない。したがって、初めから、八王子にいる相続人を相手に本庁に遺産分割を申し立てても管轄が異なるとして移送されることはない。）

（２） 審判：事件類型による管轄＋合意管轄（別表第二事件のみ）

遺産分割：被相続人の最後の住所地

面会交流等：子の住所地

調停と審判の管轄が異なってくる場合がある。審判申立が先行する場合、管轄問題が関係しているものが多い。

（東京の遺産分割調停事件が、不成立になって審判に移行する場合は、被相続人の住所地が神奈川であっても、横浜に移送するのではなく、そのまま東京で審判を行うことになる。）

「東京家裁（遺産分割部）では、調停不成立・審判移行に際して、審判事件の管轄が当庁にないときは、当事者の意見を踏まえたうえで、審判の管轄裁判所に事件を移送するのではなく、審判事件を当庁で審理する旨の自庁処理決定をほぼ例外なくしている。審判手続きは先行する調停手続きの成果を継承するもので、調停手続きが充実していれば、審判手続きも自ずから充実することになり、審理が速やかに進行、終局することになるからである。」（判例タイムズ No1418 p21「東京家庭裁判所家事第 5 部における遺産分割事件の運用－家事事件手続法の趣旨を踏まえ、法的枠組みの説明をわかりやすく行い、適正な解決に導く手続き進行－」（小田正二他））。

（３）人訴（離婚訴訟とする）の管轄

夫又は妻の住所地。 妻が九州、夫が東京で別居中、妻が申し立てた東京での調停が不調となると、妻は九州でも離婚訴訟を起こせることに留意

以上

事例は特定を避けるため裁判例や実例を組み合わせて作成した。また解法は裁判例や諸論稿に基づくが、独自の解法は★表示とした。

Q44　登記費用・振込手数料・調停費用の負担

（前提）Ｘは申立人、Yは相手方。Ｘ、Ｙは離婚、ＸがＡ・Ｂの親権者となり監護することとなった。Yは自宅をＸに財産分与として引き渡し、慰謝料支払いを約束し、Ａ・Ｂの養育費を分担することになった。この場合の①自宅の所有権移転登記費用はどちらが負担するか。②慰謝料や養育費の振込手数料はどちらが負担するか。また③調停に要した費用はどちらが負担するか。

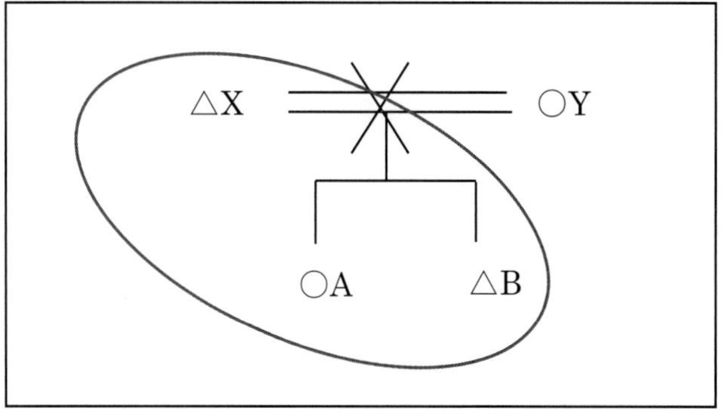

（説明）

①**登記**は取得した権利を公示して対抗要件を備えるための手続きなので、登記費用は権利を取得した人が負担するのが実務上の慣例である（一部、特に金融機関関係の登記では異なる場合もある）。条項案のひな形も実務上の慣例に従った作りになっている。このケースでは、財産分与を原因として自宅の所有権を取得したＸが、所有権移転登記にかかる費用を負担することになる。しかし、登記費用は登録免許税等で１０万円～数十万円程度になることが多く、分割支払いできる性質のものでもないので、取得する側に現にまとまった資力がない場合には注意を要する。事案によっては、慣例以外の負担方法で当事者が合意できるのか、協議すべきと考えられる。

②慰謝料の支払いに当り、**振込手数料**をどっちが負担するのか。双方同意すればどっちでもいいが、通常は支払い義務者が払うと調書に書くことが多い。根拠となる条文は「弁済をすべき場所について別段の意思表示がないときは、特定物の引き渡しは債権発生の時にその物が存在した場所において、その他の弁済は債権者の現在の住所において、それぞれしなければならない。」（民法 484 条）すなわち、原則としては債権者の住所に債務者が給付の目的物を持参して履行するとされている。振込手数料を払いたくなければ、現金を相手方に届けるということになる。

③**調停費用**はどうか。裁判官によっては条項に入れることがある。家事事件手続法では、28 条に「家事調停に関する手続きの費用(以下「調停費用」という) は各自の負担とする。」とあり、法律の条文に規定されているので別に改めて記載しなくてもいいという見方もある。

以上

事例は特定を避けるため裁判例や実例を組み合わせて作成した。また解法は裁判例や諸論稿に基づくが、独自の解法は★表示とした。

Q45　義務者の債務・権利者の高額医療費と婚姻費用・養育費

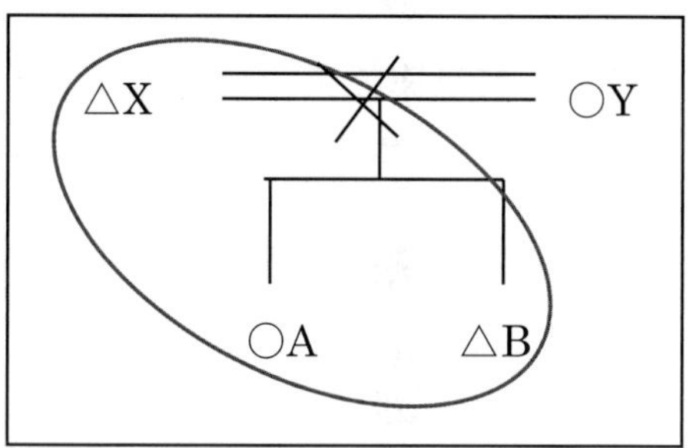

（前提）Ｘは申立人、Ｙは相手方。Ｘ、Ｙは離婚し、ＸはＡ・Ｂと同居監護している。Ａ・Ｂの養育費を請求するにあたり、義務者の多額の負債は考慮されるか。
婚姻費用の場合にはどうか。別居するＸが高額の医療費を要している場合、これを婚姻費用でどう考慮するか。

（説明）参考資料
・判例タイムズ 1208「婚姻費用の算定を巡る実務上の諸問題」（菱山・太田）ｐ28
・判例タイムズ 1209「養育費・婚姻費用算定表の運用上の諸問題」（岡健太郎）ｐ10
・家裁月報 62 巻 11 号「婚姻費用分担事件の審理―手続きと裁判例の検討」（松本哲弘）ｐ77
・日本加除出版「離婚調停」（秋武憲一）ｐ188

（１）**（負債）**「婚姻費用算定に当たっては当事者双方の負債の有無及び額は、基本的に考慮されない。一般的に負債が婚姻費用の支払いに優先するとは考えられないからである。住宅ローンも例外ではない。ただし、義務者が借り入れた金員が、権利者の生活費に充てられていた場合には、実質的に義務者は負債を返済することにより、婚姻費用の分担義務を果たしていると評価できるから、婚姻費用の分担義務を負わせるのは義務者に酷と思われ、調整を図ることが相当な事案もある。また権利者の生活に必要な費用以外のものを義務者が負わされている場合には分担額減額の必要性は高いと思われる」(菱山・太田）。

（２）**婚姻生活維持のために債務を義務者が返済している場合**
「義務者の負債についてはこれを総収入から控除すると負債の返済が子の扶養義務に優先することになるので、一般的には特別経費とはみない。養育費の算定の場合には特にそうである。婚姻費用の場合は住宅ローンのほか同居中の生活費や教育費を補うために金融機関から借り入れた場合のように、その返済額を考慮するべき場合もある。義務者が婚姻生活を維持するためにやむを得ず借り入れたと認定される場合には権利者にもその一部を負担させるべきであるから、その分婚姻費用分担額を減額する」(岡）。権利者の負担額は、当該債務を権利者と義務者の基礎収入で按分した額とし、減額の方法としては、①婚姻費用支払い額から権利者の負担額を控除する方法（仙台高決Ｈ16.2.25 家月 56 巻 7 号ｐ116）と②婚姻費用の算定の際に義務者の収入から義務者の負担額を控除する方法がある（「離婚調停」秋武ｐ188）。

（３）医療費についても、「標準的な額は標準的算定方式において考慮されているが、これを超える部分は考慮を要する。権利者から加算要素として主張される例、義務者から減額する事情として主張される場合もある 」(松本）。義務者が分担するべき額は、(すでに考慮されている額を)上回った額を基礎収入で按分した額である（大阪高裁決定Ｈ18.12.28）。子の高額な医療費(歯列矯正―松本ｐ77)の場合も同様と考えられる。

以上

事例は特定を避けるため裁判例や実例を組み合わせて作成した。また解法は裁判例や諸論稿に基づくが、独自の解法は★表示とした。

Q46　特有財産からの賃料収入は財産分与の対象となるか

（前提）　Xは申立人、Yは相手方。X、Yは別居しており、XはA・Bを監護している。Yは給与所得者（年収800 万円）である。①Yは遺産相続で取得した不動産から毎年 300 万円の家賃収入を得ている。離婚するに当たりXがYに対して家賃収入の蓄積分を財産分与の算定基礎に含めるべきか。また、②逆にXが特有財産から賃料収入 200 万円を得ている場合にはどうか。

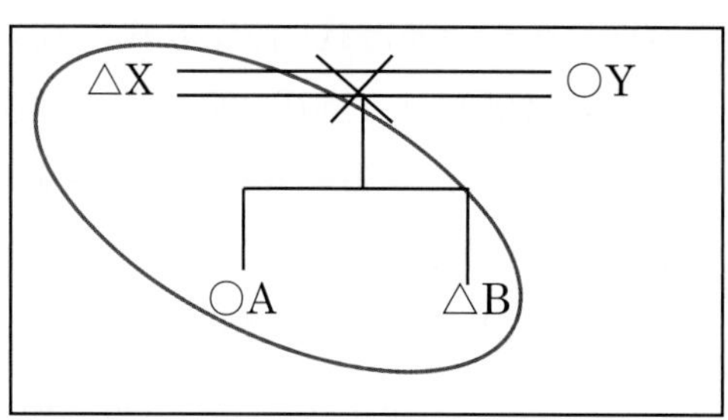

（説明）参考資料

・家裁月報 62 巻 3 号「清算的財産分与に関する実務上の諸問題」（山本拓）p 1

財産分与とは、離婚に伴い、婚姻中に形成した財産や離婚後の扶養等を処理する手続きである（民法 768 条 1 項）。婚姻前から各自が所有していた財産や、婚姻中に各自が相続や贈与によって取得・形成した財産は、各自の特有財産(民法 762 条 1 項)であり、原則として分与対象財産とならない。

本件のように、一方配偶者の特有財産を原資の一部として取得・形成された財産の取り扱いが問題となることがある。「このような財産も基本的には分与対象財産として評価算入すべきであり、特有財産が原資となっている点は寄与度の問題ととらえれば足りる」(山本拓)とする見解がある。

また、「夫婦の一方の財産であっても、他方配偶者がその維持に寄与した場合には、分与対象財産として評価する余地がある。」(山本拓)　H7.8.13 東京高判は、夫婦の一方の特有財産については、他方配偶者が「その維持に積極的に寄与し、その散逸を防止したなどの特段の事情がない限り、財産分与の対象とするべきものではない。」とする。

ただし、「尤も、他方配偶者の寄与によって維持された範囲の厳密な認定は困難であり、分与対象財産として評価算入するべき価額は裁判所の合理的裁量によって決するほかない。」(山本拓)とする。

以上

Q47　ローン付不動産の財産分与の計算方式（二つの方式比較）

（前提）Xは申立人、Yは相手方。X、Yは別居しており、離婚協議中である。この場合の財産分与の計算式を求める。

○マンションの購入価格 4,000 万円　住宅ローン借入額 2400 万円
○頭金　Xが父親の生命保険金などにより 1,000 万円　夫婦の共有財産から 600 万円
○ローン残高 1,600 万円　別居後のYによる元本返済額（平成 23 年 12 月以降）200 万円。従って夫婦が共同で返済した元本額＝2,400－1,600－200＝600 万円
○財産分与時の市場価格 3,600 万円。従って純資産価格＝3,600－1,600＝2,000 万円

（説明）

参考資料①「ローン付不動産の財産分与の計算方式についての提言」（後掲、財産分与問題研究会）を参照のこと。

（１）頭金部分とローン部分に分け、頭金に（市場価格/ 購入価格）を乗じたものが頭金評価額(特有財産)であり、ローン部分の資産(共有財産)評価額は、純資産額から頭金評価額を控除した残額であるとする方式(p79 の B 方式)

①頭金の評価額＝（当初の頭金額＋単独返済）×市場価格÷購入価格

②ローン部分の分与額＝｛純資産額－各々の頭金評価額合計｝÷2

○各々への分与額＝①＋②

本件に当てはめると、まず頭金の評価額：

X＝（1,000＋300）×3,600÷4,000＝1,170　Y＝（300＋200）×3,600÷4,000＝450

合計 1,620　従って

○X への分与額＝1,170＋（2,000－1,620）÷2＝1,170＋190＝1,360 万円

○Y への分与額＝450＋（2,000－1,620）÷2＝450＋190＝640 万円

（２）頭金と元本支払い額の割合で純資産を分与する方式（新方式）

○純資産額×X（または Y）の寄与額÷X と Y の寄与合計額＝X（または Y）の財産分与額

寄与合計額＝頭金＋同居期間中の元本返済額＋別居中の X（または Y）の元本返済額

同居期間中の寄与分は 2 分の 1 とする。本件に当てはめると、

○X への分与額＝2,000 万円×（1,000＋600÷2＋600÷2）÷（1,000+600＋600＋200）

＝2,000×1,600÷2,400＝1,333 万円

○Y への分与額＝2,000 万円×（600÷2＋600÷2+200）÷（1,000+600＋600＋200）

＝2,000×800÷2,400＝667 万円

以上

Q48　財産分与の計算方式が問題になる事例その１
（頭金（特有財産）がプラス、共有財産がゼロとなるような場合）

（前提）ローン付不動産の財産分与で、仮に購入価格 5,000 万円、Y が頭金を 1,000 万円、ローン借入 4,000 万円、市場価格が 2,500 万円、ローン残高 2,000 万円とする。

（問題提起）

（１）ローン付不動産の財産分与で、頭金（特有財産）がプラス、共有財産がゼロとなるような場合に特有財産を出していない当事者の説得は困難ではないか？

計算方式 Q47（１）(B 方式)によると、頭金評価額は Y500 万円（＝1,000×2,500÷5,000）となり、共有財産は 2,500－500－2,000＝0 となるので、計算上分与対象財産はないこととなる。

この場合、自宅を売却して銀行に残ローンを完済すると、純資産価値に相当する 500 万円しか手元に残らないが、この頭金の 500 万円を Y が回収することになる。一方、夫婦で元本だけでも 2,000 万円のローン返済(利息含めればさらに大きな額)を行ってきたにもかかわらず、共有財産としてはゼロ評価となり、X（専業主婦）には何も分与されないということが起こる。X は頭金を出していないとはいえ、夫とともに力を合わせてやりくりしたローンの返済額が一円たりとも評価されない事態を受け止められるだろうか。同じお金を頭金として拠出するかローン返済として支払うかによって、まったく異なる評価がなされることを

調停現場においてどのように当事者に説明すればいいのだろうか？この方式では不動産価格が下落するようなデフレ経済下では一方当事者から怨嗟の声が上がるのは必至である。ローン残と無関係の物差しで頭金を優先的に計算するために、このような結果になるといえる。（この方式は分与の対象は共有財産であり、特有財産は対象外であるとの基本的考えに基づいている。しかし、民 768 条（財産分与）第 3 項は、「家庭裁判所は、当事者双方がその協力によって得た財産の額その他一切の事情を考慮して、分与をさせるべきかどうか並びに分与の額及び方法を定める」と規定しているのみである。）

（２）これに対して、頭金(特有財産)とローンそれぞれに支払ったお金を寄与度として評価して計算する方法を紹介する。（松原編著「人事訴訟の実務」新日本法規 342 頁に解説。別添資料。）この方法では（１）のような頭金（特有財産）がプラス、分与対象となる共有財産がゼロというような当事者への説得に難儀する事態は起こらない。

この方式では、上記の例で利息支払い額を勘案して仮に 2,000 万円の利払い（元利金返済額計 4,000 万円）があったとすると、Xは4,000÷2＝2,000 万円、Yは1,000＋2,000＝3,000 万円、双方の頭金と元利金返済額の合計は 5,000 万円。従って寄与度は X で 2,000÷5,000＝40%、Y は 60%（純資産 500 に割り付けると X200 万円、Y300 万円）となる。拠出・返済したお金の価値をほぼ同等に評価するので、当事者の心情に心を砕く調停実務において、この方式は上記（１）の手法よりはるかに説得力があり、当事者の納得を得易いと思われる。

（３）さらに頭金(特有財産)と共有財産とを分けた上で、純資産額/（頭金拠出額と元本支払い額の合計）　割合で評価する方式により、計算する方法もある。（Q47（2）で紹介した方式）これは(2)で紹介した手法と異なり①特有財産と共有財産を分けるとともに、②特有財産と共有財産それぞれに同じ評価係数をかけて評価額を求める。その合計がそれぞれの財産分与額である。

評価係数は（市場価格－ローン残）÷（購入価額－ローン残）＝純資産÷二人のすべての支払い額（すべての頭金＋すべてのローン元本支払い額）この方式によると、上記ケースでの評価割合は（市場価格 2,500 万円－ローン残 2,000 万円）÷（頭金 1,000 万円＋ローン当初借入 4,000 万円-ローン残 2,000 万円）＝純資産 500 万円÷（頭金 1,000 万円＋返済元本 2,000 万円）＝1/6。この比率で頭金と返済元本額を評価する。

Yの頭金（特有財産）評価は1,000万円×1/6＝167万円、二人のローン元本支払い額の評価（共有財産）は 2,000 万円×1/6＝333 万円でそれぞれ 167 万円。従って X は共有財産 167 万円、Y は 167＋167=333 万円で合計 500 万円となる。この方式でも純資産価値がある限り特有財産も共有財産も同等に評価されるとともに、共有財産はゼロとされることはないので、(1)のような分与対象財産はないという事態は起こらない。そしてこの手法は、長期間のローン借入期間での金利支払い額の集計の煩雑な事務から当事者が解放される点では上記（２）の手法よりもさらに当事者にもわかりやすく簡易平明なものといえる。

以上

婚姻費用養育費問題研究会

事例は特定を避けるため裁判例や実例を組み合わせて作成した。また解法は裁判例や諸論稿に基づくが、独自の解法は★表示とした。

Q49 財産分与の計算方式が問題になる事例その２
（頭金（特有財産）がプラス、共有財産がマイナスとなるような場合）（二方式の比較）

（前提）不動産購入額 4,200 万円、住宅ローン 1,800 万円、頭金（妻Ｘ2,000 万円夫Y400 万円）数年後離婚で財産分与にあたり、頭金と共有財産の分与を計算する。現在時価が 3,000 万円で、住宅ローン残高は 1,600 万円。

（問題提起）

（１）頭金の評価：妻は 2,000×3,000÷4,200＝1,429 万円　夫は 400×3,000÷4,200＝286 万円　合計 1,715 万円

ｐ79 の B 方式では、頭金評価額を優先して時価から先取りするので、

共有財産の評価はそれぞれ（時価－頭金評価－ローン残）÷２＝（3,000－1,715－1,600）÷2＝▲157.5 万円

計算ではこのようになるが、共有財産がマイナスだから分与するものはないということになる。

（２）さて、それでは分与するものがないとして、この自宅はどうなるのか。頭金を多く出した妻がローンを引き継いで自宅を保有していけばいいという見解もある。ローンの支払い能力がなければ処分して換金するのみなのだろうか。（頭金を夫の方が多く出していれば、夫がローン支払い続けて自宅を保有し続ければいいという案もあろう。）

（３）では、夫または妻（自宅を保有しない）の特有財産はどうなるのか。上記の評価でも夫の頭金評価は 286 万円。妻が保有する場合、夫はこれを放棄しなければならないのか。

売却したら 3,000-1,600＝1,400 万円残るので　妻 1,429－157.5＝1,271.5 万円、夫 286－157.5＝128.5 万円として分ければいいということになるのだろうか。

（４）ちなみに、新方式で行くと、頭金の評価は、妻の場合 2,000×（3,000－1,600）÷(4,200-1,600)＝1,077 万円　夫は 400×（3,000－1,600）÷(4,200-1,600)＝215 万円

　共有財産の評価は（1,800-1,600）×（3,000－1,600）÷(4,200-1,600)＝107.7 万円。一人当たりは 54 万円。妻の頭金と共有財産の取り分は 1,131 万円、夫の取り分は 269 万円。新方式では純資産がマイナスにならない限り、共有財産は常にプラスとなる。

（５）夫がローンを借り入れているのであれば、自宅を欲しいときは 1,131 万円を妻に渡して取得する、あるいは単純に分与するなら、売却して妻と分けるということ。妻はローン支払い能力あれば履行引き受けして自宅を自分のものにするという解決策もあろう。オーバーローンにならない限り、共有財産の財産分与は可能と思われる。

以上

…4-9909755-1-7
C2032 ¥1500E
…用養育費問題研究会
（…1,500円＋税10%）